KB268895

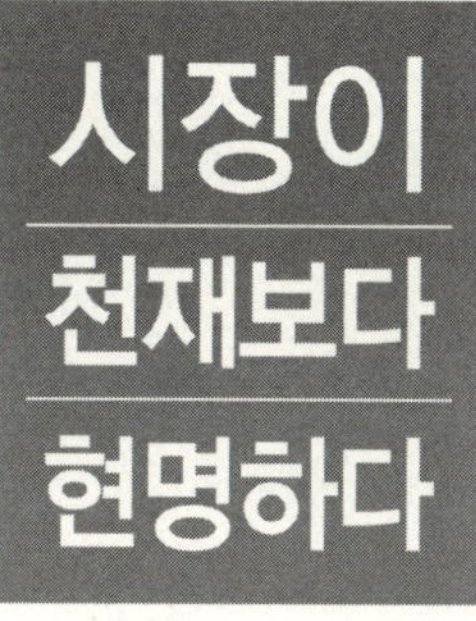

시장이 천재보다 현명하다

시장에서 배우는 경제, 투자의 해법

오이겐 뢰플러 지음

한국경제신문

더 나은 한국경제의 미래를 희망하며…

이 책은 한국의 주요 경제일간지 가운데 하나인 〈한국경제신문〉에 매월 연재된 칼럼을 엮은 것이다. 아시아 경제위기 이후 한국경제의 주요 이슈였던 자유시장경제원칙, 경영의 투명성 및 기업지배구조를 테마로 하였다. 칼럼이 연재된 2001년부터 2005년 상반기까지는 한국경제발전의 결정적인 시기였다. 아시아 경제위기에서 얻은 교훈을 바탕으로 구조조정, 심지어 체질변화까지 감수했기 때문이다.

한국은 아시아 경제위기를 가장 혹독하게 겪은 나라 가운데 하나다. 한국의 IMF 위기는, 경제발전의 귀감이던 신흥 발전국가가 단 몇 달 만에 붕괴되었다는 점에서 세계적으로 큰 충격을 주었다. 그러나 한국은 신속하고 강력하게 경제위기를 극복함으로써 다시 한번 세계를 놀라게 했다. 한국경제는 이전에는 상상조차 할 수 없었던 변화를 이루어냈다. 은행권은 합병을 통해 조직을 유연화시켰고, 재무구조를 개선했다. 뿐만 아니라 실질적인 민영화를 이루어냈다. 재벌은 이익이 나지 않는 사업은 과감히 정리했고, 현명한 설비투자를 실행함으로써 결과적으로 고수익을 창출했다. 그러나 여전히 경제 전반에 걸쳐 높은 수준의 부채비율은 해결해야 할 과제다. 주요 재벌의 채무부담을 낮추는 노력은 가계부채와 정부부채의 증가에 의해 반감되었다.

현재 한국경제는 전에 없이 시장경제에 더 가까워지고 있다. 정책 결정자들뿐 아니라 일반 국민들도 미시적·거시적으로 경제에 간섭하는 것보다는 시장 기능에 맡기는 것이 더 효율적이라는 신뢰를 갖고 있다. 일례로 신용카드 위기는, 경제에 인위적으로 손을 대면 그 효과는 단기간에 그치지만, 사후 비용과 역효과는 크고 지속적이라는 사실을 여실히 보여주었다.

한국이 오랫동안 고수해 온 정부 주도적인 경제성장 모델의 잔재는 여전히 남아 있다. 이 책이 시장경제에서 그 해결책을 찾는 많은 한국인들에게 격려가 되길 바란다. 또한 여기에 실린 글들이 시장 회의론자들에게 잘 계획된 경제정책이 예상치 못한 결과를 초래하거나 일견 가혹해 보이는 시장경제정책이라 할지라도 결국에는 번영뿐 아니라, 개개인의 자유와 사회 정의로 가는 안전한 방법이었음을 고려할 수 있는 기회가 되길 소망한다. 필자는 한국민의 헌신과 창조력, 그리고 감성이 한국경제를 지속적으로 발전시킬 수 있는 원동력이라고 확신한다. 무엇보다 이러한 역동적인 국민정서가 진정한 시장경제에서 자유롭게 능력을 발휘할 수 있다면 그 발전은 더욱 놀라울 것으로 생각한다.

　나의 칼럼을 연재해 준 〈한국경제신문〉에 깊은 감사를 드린다. 또한 여러 모로 부족한 점과 때로는 지나치게 강한 어조에도 불구하고 인내와 관심으로 구독해 주신 모든 독자에게도 감사의 마음을 전한다. 한국에서 지낸 6년 동안 나에게 보내주신 관심과 지지, 그리고 우정에 대해 마음에서 우러나오는 감사 인사를 올린다.

2005년 7월

오이겐 뢰플러

This book is a collection of monthly columns written for "The Korea Economic Daily", one of the leading Korean newspapers. Recurring themes are the free market principle, transparency and corporate governance—topical issues in Korea in the years after the Asian crisis. The period from 2001 to the middle of 2005, when the articles were published, covers a decisive phase in Korea's economic development. Korea underwent major structural, even transformational changes acting on the lessons from the Asian crisis.

Korea was among the countries hardest hit by the crisis. It was a shock to both Koreans and international observers how this exemplary Tiger economy seemingly dismantled within a few months, hit by the shockwave of the Asian currency crisis. And then, Korea again astounded the world with its quick and strong recovery. Korea's economy underwent previously unimaginable changes: the banking sector was not only re-capitalized and streamlined through mergers but more importantly truly privatized. Chaebols pruned unprofitable businesses and established a capital expenditure discipline resulting in free cash flow generation and high returns on equity. A remaining concern is the still high overall leverage of the economy, as the progress the major Chaebols made in de-leveraging was offset by an increase in household and to a lesser degree government debt.

Today, the Korean economy is truer to a market economy than it ever was. Hopefully, both policy makers and the Korean public will develop an even deeper trust in the functioning of markets, instead of relying on interventionist macro- and micromanagement of the economy. The credit card crisis can act as a reminder that pump priming the economy usually works only for a short period of time whereas the follow-up costs are high and long lasting.

The legacies of Korea's old development model with it strong role for the government and bureaucracies to guide and even control the economy can still be felt. This book hopefully can provide encouragement for the growing number of Koreans supporting and demanding market solutions. The author's hopes would be far exceeded if it could challenge market skeptics to consider that well-intended economic policies often have serious unintended consequences and that, even though market solutions sometimes look harsh, in the end free markets are the safest road not only to prosperity, but individual liberty and social justice as well. I am sure that the dedication, creativity and emotional power of Korean people will continue to propel the Korean economy forward, even more so if these dynamic forces can freely unfold in an unconstrained market economy.

My sincere thanks go to "The Korea Economic Daily" for publishing my columms and to all readers for both their interest and their kind forbearance with any shortcomings and my sometimes quite strongly voiced views. Finally, I would like to deeply thank for all the wonderful attention, support and friendship I could experience during my six years' stay in Korea.

시장이 천재보다 현명하다

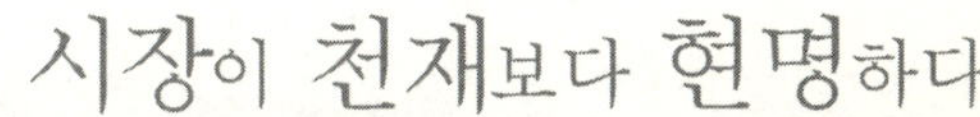

구조조정의 득과 실

한국 정부는 지난 3월 '구조조정은 끝났다'고 발표했다. 하지만 구조조정이란 세계적이며 지속적인 과정이다. 오스트리아 경제학자 조지프 슘페터는 '자본주의란 창조적인 파괴'라고 표현했다. 이것은 모든 경제 및 기업이 성공적으로 존속하기 위해서는 지속적으로 구조조정을 해야 하며, 변화하는 환경에 적응하기 위해 노력해야 한다는 것을 의미한다.

최근의 경기둔화 및 닷컴 거품의 붕괴에도 불구하고 미국경제는 규모 면에서 여전히 독보적 위치에 있는데 그것은 다음 두 가지 요인 때문이다.

첫째, 미국은 유럽 및 세계 어떤 나라보다 훨씬 이른 1980년대 말에 구조조정을 시작했다.

둘째, 노동시장과 기업지배구조, 그리고 자본시장으로 이루어지는 미국의 제도적인 구조는 훨씬 유연하고 신속한 구조조정을 가능케 했다.

구조조정은 고통이 따른다.

구조조정은 또 과거 성공의 핵심이 되었던 요소들을 돌연 '문제의 근원'으로 인식하게 하고, 그 결과 실직을 초래하며, 종종 문제의 핵심과는 관계없는 이들이 가장 먼저, 그리고 가장 큰 고통을 겪게 만든다.

그럼에도 불구하고 구조조정을 지연하거나 미흡하게 실시함으로써 발생하는 손실은 막대하다.

한국 정부(납세자)는 금융 부문의 구조조정을 위해 이미 150조 원 가까이 쏟아 부었으며, 은행의 개인 주주들은 엄청난 투자손실을 겪어야 했다.

그나마 발생한 이익도 부실대출 상각을 위해 사용되었는데 이런 모습을 지켜보아야 했다.

개인적으로 보았을 때 한국은 IMF 위기 이후 많은 개혁을 단행했지만, 여전히 많은 과제가 남아 있다. '경영의 투명성'과 '기업지배구조' 측면에서 다른 국가와 비교하면 그리 좋은 평가를 받지 못하고 있다. 최근 〈이코노미스트(The Economist)〉가 기업지배구조와 경영의 투명성을 기준으로 아시아 국가들의 순위를 매긴 결과, 한국은 기업지배구조 부문에서 중국과 인도네시아의 뒤를 이어 최하위를 기록했다.

경영의 투명성 부문은 중국, 한국, 인도네시아, 태국 순으로 최하위에서 세번째를 기록했다. 비효율적이며 불투명한 경영 관행은 한 국가와 그 국민들의 복지를 낮추는 과도한 세금과 같다.

부적절한 기업지배구조로 인한 손실을 미래수익 및 배당, 그리고 성장에 바탕을 두고 한국 주식시장의 적정 가치를 계산하는 모델을 이용해 수치화하면 다음과 같다. 향후 10년 간 10%의 수익성장, 다음 15년은 7.5%, 그리고 그 후에는 5%의 영속성장을 가정했을 때 KOSPI지수 650의 수준은 7%의 리스크 프리미엄을 의미한다.

최근 자료에 따르면, 미국 주식시장의 장기기대 리스크 프리미엄은 3.5% 정도다. 위 모델에 의하면 3.5%의 리스크 프리미엄의 경우 KOSPI지수는 1,500 정도 돼야 하는데 이는 시장의 현재가치보다 130% 정도 높은 것이다.

비효율적인 경영과 불투명성, 그리고 열악한 기업지배구조는 높은 수준의 리스크 프리미엄을 초래한다.

KOSPI 주식의 시장가치가 200조 원에 달한다고 볼 때, 경영의 투명성과 기업지배구조의 부족으로 250조 원가량의 손실이 있는 사실을 알 수 있다.

이것은 금융 부문 구조조정을 위해 사용된 150조 원보다 큰 금액이다. 물론 사회적 비용은 주로 근로자 및 실직자들에게 부담되는 반면, 기업 구조조정으로 얻어지는 250조 원가량의 이익은 주로 주식투자자 및 부유한 개인에게로 돌아갈 것이라고 주장할 수도 있다. 하지만 이러한 견해는 근시안적이다. 왜냐하면 '효율적인 기업'은 첫째, 기업을 좀더 건실하게 만들고 좀더 높은 경제성장을 실현함으로써 안정적인 일자리를 더 많이 만들어낼 것이기 때문이다.

둘째, 더욱 높은 수익을 올려 공공지출의 재원인 세입을 늘려

줄 것이다. 마지막으로 미래의 재무상 위험을 줄여 위기에 대처
하기 위해 드는 사회적 비용을 절약할 수 있도록 해줄 것이다.
　무엇보다 금융 부문의 위기 해소를 위한 납세자들의 돈 150
조 원 이상이 지출되는 일도 없도록 해줄 것이다.

2001-05-04

COLUMN 02

포트폴리오 국제화의 이득

"계란을 한 바구니에 담지 마라!"

무작위로 선별된 20개 종목이 지닌 위험은 두세 개의 종목으로 이루어진 포트폴리오보다 상대적으로 낮다.

기관투자가들은 잘 분산된 포트폴리오를 운용하지만, 이처럼 상식적인 행동은 한 국가에 국한되고 만다. 보통의 투자가는 자신의 모든 계란을 '자국시장'이라는 하나의 바구니에 담는다. 이러한 본국 선호 성향에 대한 하나의 해석은 "인간은 항상 경제적 이성에 따라 행동하지 않는다"는 것이다. 인간은 자신이 잘 아는 것에 대해 더 편안하게 생각하고, 자신과 가까이 있는 것들에 대해 더 많은 것을 알고 있다고 믿는 경향이 있다. 대부분의 사람들은 외국의 주식이나 외국의 금융시장이 자신이 속해 있는 국가의 것들보다 훨씬 위험하다고 생각한다. 그리고 동시에 자신이 속해 있는 시장, 즉 한국이면 한국, 미국이면 미국이 가장 높은 수익 전망을 갖는다고 여긴다.

개발도상국은 특징적으로 해외투자에 대한 제한을 좀더 엄격하게 두는 경우가 많다. 예컨대 독일 보험사는 외화표시 자산으로의 투자를 전체 자산의 30%까지 허용하는 반면, 한국 보험사는 전체 자산의 10% 정도만 해외에 투자하는 실정이다.

물론 개발도상국의 경우 종종 자본부족에 직면하기 때문에 정부가 외국으로의 자금 흐름을 제한하려는 자세는 당연하게 여겨질 수도 있다. 그러나 이러한 해석은 옳지 못하다. 해외투자를 제한하는 것은 한 국가의 경제를 보호하기보다는 훨씬 많은 손실을 초래한다.

첫째, 시장에서 인지되는 자금부족 현상은 사실상 존재하지 않는 경우가 많다. 현재 한국 시장의 경우도 그렇다. 물론 기업 부문은 자금부족으로 어려움을 겪고 있지만, 이것은 자금의 제한적인 공급 때문은 아니다. 은행 부문의 경우에는 유동자산이 풍부해 기업 부문의 자금부족 현상과는 상반되는 현상을 보이고 있다. 결국 한국 시장에는 충분한 자금이 있지만, 문제는 따로 있다. 즉 투자자들이 주식이나 채권에 투자하거나 기존 채권의 만기를 연장해 주는 방법으로 기업 부문에 추가 투자하는 것조차 꺼리는 것이다.

둘째, 개발도상국의 경제는 이미 성숙한 경제보다 변동성이 심하다는 것이다. 한국 주식시장의 변동성은 세계에서 가장 높은 수준이다. 여기에는 두 가지 이유가 있다.

우선 한국경제는 철강, 석유, 화학, 반도체 등과 같이 자본

집중적이고 변동성이 심한 산업에 대한 의존도가 높다. 이러한 의존도는 추가적으로 높은 수준의 부채비율에 의해 상당부분 증가된다는 것이다.

두번째는, 투명성 부족과 한국투자가의 투기적인 성향이다. 국제적 분산이 결여된 국내 금융시장만으로 구성된 포트폴리오는 위험을 두 배로 증폭시키고 있다. 한국의 보험사나 연기금은 주식투자 비중이 낮은 편이다.

물론 미국 연기금의 평균 주식 비중이 51.7%를 넘는 것은 지나치게 높은 것일 수도 있겠지만, 한국 연기금의 경우 10%는 지나치게 낮은 것으로 여겨진다.

과거 미국 주식시장의 변동성이 19%였던 반면, 한국 주식시장의 변동성은 35% 수준이다. 기술적으로 볼 때 두 시장은 완벽한 상호관계를 갖는 것과 거리가 멀다. 그렇기 때문에 한국주식 50%와 미국주식 50%로 구성된 포트폴리오의 변동성은 가중평균 변동성인 27%보다 훨씬 낮은 20%를 갖게 된다. 변동성은 수익의 분산을 통계적으로 측정하는 단위이기 때문에 직관적으로 느끼는 것과 다를 수 있다.

포트폴리오의 국제적 분산은 위험을 줄여 주식처럼 높은 수준의 수익을 가져오는 자산 부류에 투자 가능한 자산의 비중이 높아지는 결과를 가져온다. 장기적 관점에서 이것은 개인투자가, 보험 고객, 그리고 미래의 연금수령자에게 대단한 이익을 의미한다.

따라서 2001년 초부터 시행된 한국 개인의 해외투자 자율화 및 한국 연기금 및 기관투자가의 국제적 분산 노력은 환영할 만하다. 만약 한국이 현재의 복잡한 해외투자펀드 등록 절차를 간소화시킨다면, 한국 투자가들에게 제공 가능한 국제 투자상품이 늘어나 한국 투자가들도 국제 포트폴리오 분산의 이익을 맛보게 될 것이다.

2001-07-20

재벌 규제와 시장 해결책

한국은 외환위기를 겪으면서 구조조정을 시작했다. 상호지급보증을 축소 또는 궁극적으로는 폐지하고, 재벌의 부채비율을 200% 이내로 제한할 뿐만 아니라 30대기업의 계열사 출자한도를 순자산의 25% 이내로 제한하는 것이었다. 그리고 은행은 8%의 BIS 자기자본 비율을 맞추어야 했다.

최근 이들 조치가 논란이 되고 있다. 관련 업계에서는 규제 폐지를 강력히 주장했다. 아울러 은행은 목표 BIS비율을 낮추고 자금부족으로 허덕이는 기업 부문에 더 많은 여신을 연장해 줘야 한다는 목소리도 있었다.

IMF위기는 한국이 자유시장경제 메커니즘을 경시한 데서 비롯됐다. 한국은 지난 수년 동안 이 조치로 경제성장률을 끌어올렸으나, 결국 그 거품이 사라졌다. 정부는 시장에 의한 해결을 강조했다. 하지만 재벌에 대한 규제와 제한이 과연 시장에 의한 해결인가. 경쟁력의 우열에 의존하는 자유시장원리에

따라 발전해 나갈 기업들을 방해하는, 더 심한 간섭이나 제한
은 아닌가.

자유시장 메커니즘은 많은 규제, 제한과 공존할 수 없다. 비
즈니스맨들이 만나면 제일 먼저 하는 것은 일반대중에 대한 음
모를 꾸미는 것이다. 즉 카르텔을 결성해 고통스러운 경쟁을 피
해보려고 한다. 따라서 정부는 독점이나 카르텔을 막고 자유시
장을 지키는 임무를 맡고 있다.

대기업이 좀더 많은 차입금을 유치하거나 사업을 다각화하
는 것은 개별기업의 경영의사 결정이다. 잘못되는 경우 소유주
에게 모든 책임이 있는 것인데, 그것을 막는 이유는 무엇인가.
이것은 자유시장 원리의 핵심이다. 그러나 한국에는 아직 완전
한 자유시장 원리가 없다.

만약 거대 기업, 또는 경제나 무역수지에 중요하다고 여겨지
는 기업이 위기에 처하면, 노조는 일자리를 잃지 않기 위해 압
력을 넣을 것이고 정부는 재집권을 걱정할 것이다. 은행은 자기
자본을 위협하는 부채탕감을 피하기 위해 파산한 기업을 유지
하기 위한 방법을 모색할 것이다.

만약 은행이 정부 소유이고, 이미 정부가 금융 부문 구조조
정에 너무 많은 공적자금을 과용해서 비난받고 있다면, 도덕적
해이가 일어날 위험이 크다. 기업에 보다 많은 위험을 부담토록
유도해 성공한다면 그 손실을 사회로 돌려서 납세자들이 그것
을 부담하도록 하면 되는 것이다.

이러한 상황에서 현명하고 책임 있는 정부라면 위와 같은 행

동을 제한함으로써 자신과 대중을 보호할 수밖에 없다. 규제에는 비용이 따른다. 도덕적 해이가 방지되는 동시에 부분적으로는 경제적 가치를 창출할 수 있는 활동도 함께 금지된다. 때문에 더 나은 해결책은 효율적인 자유시장 메커니즘을 보장하면서 규제와 간섭을 최소화하는 것이다. 그렇게 한다면, 정부는 투신운용사에 어려움을 겪고 있는 기업의 채권연장 요구나 은행 및 투자자들에 대한 공식적·비공식적 개입이나 새로운 구조조정법과 같은 집단적 의사결정 메커니즘을 없애도 될 것이다. 효율적인 기업지배는 부가 외부 주주(대다수)에서 내부 소유주의 가족(소수)에게로 이동하는 것을 막는 것이다. 이러한 배경에서, 재벌에 대한 모든 규제는 없어져야 한다.

공정거래위원회는 서로 관계가 없는 경쟁기업 간의 연합과 독점을 감독해야 한다. 만약 재벌 관련 기업들이 서로 도움을 준다면, 그것은 재벌 자체의 문제다. 재벌 관련 기업들 간의 관계가 효율적이라면 부를 증진시킬 것이고, 그렇지 않다면 사회가 아니라 주주들이 그 비용을 부담하게 될 것이다.

문제는 만약 재벌이 과거에 자본이나 사업등록에 있어서 특혜를 받았다면 그런 특혜가 지속되는 것을 막아야 하는 것이 아닐까.

공정거래 정책은 벌금이나 규제에 집중하기보다는 자유경쟁을 강화하는 데에 집중해야 한다.

대기업의 경우 그들의 막강한 힘에 맞서는 최선책은 무한경쟁에 노출시키는 것이다. 특히 외국 경쟁기업을 한국에 진출하도록 해서 자유 경쟁시키는 것이다.

중소형기업들은 공급자로서 이익을 볼 것이고 소비자는 더 나은 상품과 서비스를 더 저렴한 가격에 제공받을 수 있을 것이다.

2001. 9. 24

'불량품' 한국증시

최근 노벨경제학상을 수상한 미국 버클리대의 조지 애커로프 교수는 1970년 그의 역사적인 논문 〈불량품에 의한 시장 (The market for lemons)〉을 냈다.

그는 이 논문에서 중고차 시장을 예로 들어 구매자가 중고차의 품질을 평가할 수 없다면 딜러가 부정직하게 차의 문제에 대해 알려주지 않고 '불량품'을 팔 것이라는 두려움을 갖게 될 것이라고 했다. 결과적으로 구매자는 그러한 위험을 반영하여 가격을 낮출 것이고 양질의 차를 판매하려는 이들은 적정한 가격을 받을 수 없기 때문에 더 이상 팔려고 하지 않을 것이고, 결국에는 '불량품'들이 가격을 결정하게 될 것이란 주장이다.

애커로프 교수의 '불량품 이론'과 한국 주식시장과는 어떤 상관관계가 있을까.

한국의 주식은 할인되어 선진국의 유사한 주식에 비해 낮은 평가를 받고 있다. 그 이유는 '불량품'의 문제에 있다. 한

국시장에는 대우그룹의 분식회계에서 볼 수 있듯이 '불량품'
이 너무 많아 우량한 한국 기업마저도 '불량품'의 가격밖에 받
지 못하는 게 현실이다. 이런 할인현상에 대해 한탄만 하는 것
은 도움이 되지 않는다. 시장의 결함을 처리하는 게 유일한 해
결책이다.

한국은 투명성과 정직성, 공정한 기업지배구조, 그리고 지속
적이며 시장 지향적인 경제정책이란 세 가지 기본적인 요소가
결여되어 있다.

예컨대 투명성의 경우를 보자. 기업의 대차대조표에 너무 많
은 것이 숨겨져 있어 투자자들은 자신이 실제로 무엇을 매수하
는지 알 수 없다. 한국 기업은 엄청난 위험을 안고 있지만 대차
대조표에는 이러한 것이 나타나지 않는다. 자산은 올바르게 평
가되지 않고, 많은 경우 대차대조표에 '거품'이 너무 많다.

불량품 시장에 대해선 한국의 투자자들도 어느 정도의 책임
을 져야 한다. 주식에 투자하는 것이 순식간에 돈을 불리기 위
한 것이 아니라는 교훈을 배워야 한다. 단기간의 투기로는, 매
우 운이 좋은 소수의 사람이나 증시를 조작하는 범죄자들의 경
우를 제외하고는, 손실을 보게 되어 있다. 불행하게도 한국에서
는 증시조작이 흔히 일어난다. 주식투자의 이익은 인내심과 위
험을 감수하는 의지로부터 나온다. 아무리 약삭빠르고 영리한
사람이라도 성공적으로 투자의 타이밍을 맞출 수 없다.

한국은 최소한의 시장안정을 담보할 수 있는 장기투자의 기
반이 없다. 개인뿐만 아니라 기관투자가들도 분위기에 따라 과

매수와 과매도하기 일쑤다. 모든 사람이 싸게 사서 비싸게 팔고 싶어한다. 하지만 그러한 전략만을 좇다가는 정반대의 결과에 이르게 된다. 투자 문화를 바꿔야 한다.

2001-10-19

새 구조조정법의 명암

2001년 7월, 한국 국회는 새로운 기업 구조조정 촉진법을 조용히 통과시켰다. 금융지인 〈유로머니〉는 최근호에서 "이 새로운 법 때문에 많은 금융전략 투자가가 한국의 금융 부문에 어떤 투자를 해야 할지 고민에 빠졌다"고 전했다.

이것은 주요 외국은행·투자가들이 한국의 은행이나 금융회사에 대한 투자는 물론 기업대출까지도 중지하는 것이 나은지를 고려한다는 의미다. 이 새로운 법에 따르면, 위험에 처한 회사에 내하여 채권자의 75%가 부채연장과 새로운 융자 실행에 동의한다면, 나머지 모든 채권자와 채권투자자들은 다수채권자와 같은 패를 내야만 한다. 여기에 동의하지 않는 채권자들은 다른 선택권이 있다.

그러한 구제책을 지지하는 다수채권자들에게 자신들의 채권을 시가에 매수하도록 요구할 수 있고, 따라서 새로운 융자 실행을 피할 수 있다. 이러한 규제의 이면에 자리한 입법자의 의도는 명백하다. 장황한 토론과 소수채권자들의 무임승차를 피하기 위해 다수의 결정(75% 이상)을 모두의 결정으로 묶고자 하는 것이다.

이것은 구조조정의 속도를 가속화시킬 것이며, 기업이 어둠 속에서 오랫동안 시간낭비하는 일이 없도록 할 것이다.

비평가들은 새 구조조정법은 모든 채권자·투자가가 각자의 자금으로 행사 가능한 기본적인 경제권을 침해한다고 주장한다.

이 새로운 법은 확실히 주채권자들에게 유리하다.

주채권자들은 애초에 서툰 신용결정을 내렸던 당사자들이다. 그들은 나중에 심각한 문제가 발생한 기업들에 신용공여를 연장해 주었다. 그 결과 신중한 채권자들이 불이익을 당했으며, 비교적 덜 신중한 채권자들은 보호를 받게 되었다. 그렇다면 무임승차의 경우는 어떻게 할 것인가.

소수의 채권자들은 종종 기업을 파산에 이르도록 압력을 넣으면서 더 많은 손해를 보게 될 다수의 채권자들을 협박하지 않는가. 한 명 이상의 채권자를 갖는 것은 은행뿐 아니라 채무자에게도 이득과 동시에, 만약에 있을 수 있는 무임승차 문제와 같은 손해도 있다.

좋을 때에는 파이의 가장 큰 조각을 차지하면서 주채권자로서의 지위를 즐기고, 상황이 나빠지면 다른 사람에게 고통분담을 요구한다. 이것은 정직한 행동이 아니며 무임승차와 마찬가지다. 주채권자들은 기업에 대한 대출금을 충분히 대손처리하지 못하기 때문에 회생 불가능해 보이는 기업이더라도 파산을 막으려는 의도가 있다. 이렇게 공정하지 못한 다수채권자에게 회사의 생존 가능성을 판단하게 함으로써 경제에 있어 자본배분을 왜곡하는 위험을 초래한다. 효율적인 자본배분은 경제번영의 필수요건이다. 따라서 정부의 세심한 주의가 요구된다.

그러나 정치인들은 현재의 긴박한 문제에만 초점을 맞춰 해결하려 하기 때문에 경제전반의 효율성을 떨어뜨리고 경제전망을 종종 흐리게 만든다. 하지만 불공정하지는 말자. 기업 구조조정법이 소수의 운명을 결정하는 다수의 권한만으로 구성돼 있지는 않다. 이 법은 소수채권자가 그들의 채권을 다수채권자들에게 팔고 떠나는 것도 허용한다. 이것은 적절하고 공정한 해결책이다. 그러나 현실적인 문제가 있다. 되팔리는 채권의 공정한 가격은 누가 결정하는가. 분명히 사는 사람은 낮은 가격에 사고자 할 것이다. 하지만 낮은 가격은 곧 다수채권자가 그들의 전체 대출금도 낮은 가격에 맞춰 대손처리해야 함을 의미한다. 그것은 바로 다수채권자들이 피하고자 하는 것이다.

결론은 무엇인가.

다수의 표결을 존중하고 소수에게는 탈출의 선택권도 주는 이 새로운 법은 불공정하지도 않고 경제이론이 결여된 것도 아니다. 그러나 유감스럽게도 실질적으로 이 법이 적용되어 해결되는 문제점보다 더 많은 문제점이 발생할 것 같은 생각이 든다.

외국투자가들이 한국시장에서 떠나지는 않더라도 한국 기업의 자본비용이 오르는 결과가 나타날 것이다. 성공적인 기업들은 불리한 반면, 문제점이 많은 기업들에는 유리할 것이다. 그러나 이 방법이 경제의 성공적인 미래를 확고히 하는 데 유용하다고는 볼 수 없다.

2001-11-27

연기금과 기업지배구조

부실한 기업지배구조는 자산의 비효율적인 활용, 취업률 저하, 경제 저성장 등의 결과를 초래한다. 기업지배구조라는 문제의 핵심은 경영진과 주주들 사이의 이해충돌에서부터 시작된다. 주주들은 그들이 소유한 주식의 시장가치 극대화에 관심이 있는 반면, 경영진은 자신들의 이익 또는 명성이나 영향력을 높이기 위해 자신들 마음대로 경영할 수 있는 자산을 극대화하고, 외부의 통제로부터 자유로운 상태로 남아 있는 것에 더 많은 관심을 갖는다.

만약 한국에서처럼 한 명의 주주 또는 하나의 주주그룹이 적은 주식지분으로도 사실상 기업을 지배할 수 있다면, 거기에는 또 하나의 이해충돌이 있다. 지배 주주들은 소액 주주들을 희생시켜서라도 자신들의 사적인 이익을 최대한 극대화하고자 한다. 지배 주주들은 100%의 이득을 누리는 반면, 관련 비용(시장가치의 손실)은 그들의 지분율의 범위 내에서만 부담한다.

이러한 기업지배구조 문제를 해결하기 위해서는 적절한 기업 관련 법규와 주식시장 당국의 엄격한 감독이 필요하다. 여기에다 시장의 통제기능이 법규를 보조해 주어야 한다. 적대적인 기업인수에 대한 위협과 비효율적 기업파산의 위협이 효율적인 기업통제가 가능한 시장을 형성한다. 그러나 세계에서 가장 효율적인 자본시장으로 평가받는 미국에서조차 큰 규모의 적대적 기업인수는 그다지 많이 일어나지 않는다.

적대적 기업인수는 큰 위험이 따르고 성사시키기도 어렵다. 수년 동안 경영진이 기업을 망치거나 착취한 후에야 비로소 적대적인 기업인수가 이뤄진다. 이때에도 낮은 주가를 기준으로 한 기업인수 프리미엄은 이전 주주들의 손실을 완전히 회복시켜 줄 수는 없다.

따라서 기업과 경영진을 끊임없이 감독하는 것이 훨씬 더 효율적인 방법이다. 경영진을 감독할 만한 자원과 동기를 모두 가지고 있는 것은 연기금이나 대규모 보험사, 그리고 펀드 운용사와 같은 기관 투자가들이다. 미국에선 1997년까지 미국 상위 1,000개 기업 전체 발행주식의 60%를 기관투자가들이 운용했다.

대규모 기관투자가들은 기업의 경영진이 마음에 들지 않더라도 대개는 그들의 지분을 매각할 수 없다. 기관투자가들의 소유 지분이 너무 커서 그들의 지분 매각은 가격을 더 하락시킬 것이라는 우려 또는 벤치마크 고려 사항들 때문에 지분을 계속 보유해야만 한다.

　기관 투자가들이 부실하게 경영된 기업의 수익을 증대시킬 수 있는 유일한 방법은 경영을 감독하고 문제를 제기하는 것이다. 하지만 여기에는 두 가지 주의할 사항이 있다.

　첫째, 기관투자가들은 높은 투자수익을 창출해야 하는 필요성에 몰려 있어야 한다. 그렇지 않으면 기관투자가들은 동료들을 비판해야 할 경우 동료들로부터 받을 사회적 압력을 피하려 하거나, 아예 관련된 일을 피해버릴지도 모른다.

　둘째, 많은 나라에서 연기금은 가장 큰 기관투자가다. 한국의 경우 대표적인 것으로 국민연금이 있다. 그러나 연기금이 정치적인 이익을 위해 이용되거나, 국회 또는 다른 공공기관으로부터 부적절한 감독을 받고 있다면, 연기금은 기업 감시 기능을 제대로 수행할 수 없다. 뿐만 아니라 연기금 또한 효율적으로 운용될 수가 없다.

　연기금 운용은 펀드의 투자이익을 극대화하는 데 초점을 맞춰야 한다. 반드시 뛰어난 투자전문가들이 펀드를 운용해야 하고, 이들의 봉급은 공무원이 아닌 투자 업계가 기준이 돼야 한다. 자산배분, 외국인투자 등에 관한 투자 규제는 정치적인 고려 사항들이 아닌 국제적인 최선의 관례에 따라 정해져야 한다. 물론 펀드의 성과는 면밀히 감시, 감독되어야 한다.

　공공기금 감독위원회에는 정부직원, 노동자대표가 포함돼야 한다. 그리고 위원회는 투자전문 컨설턴트들의 꼼꼼한 조언을 받아야 한다. 그렇지 않으면 공공연기금과 같은 대규모 기관투자가의 존재도 기업지배구조를 개선시키지는 못할 것이다. 일

본의 예가 보여주듯이 정치적인 목적으로 공공연기금을 운영한
다면 큰 도움이 되지 않을 것이고, 오히려 향후 더 큰 문제를 발
생시킬 수도 있다.

2001. 12. 31

지식사회 시대의 정부 역할

많은 한국 기업들이 '기획부'를 두고 있다. 기획부는 기업 내에서 어느 부서보다 막강한 영향력을 행사한다. 한국 기업들은 크고 작은 경제문제가 생기면 정부가 대처해 주기를 기대하는 것 같다. 예컨대 언론에서 "중국이 WTO에 가입하여 한국의 일부 산업이 위험하다"라고 보도하면, 경제정책 담당자들은 신속히 해당 산업의 경쟁력을 높이기 위한 5개년 또는 10개년 '계획'을 수립한다. 정부가 산업정책에 적극 관여하는 것은 한국경제의 발전이 정부에 의해 철저하게 '기획 관리'된 과거의 유산에서 비롯됐을 수 있다.

한국의 경제발전은 대단히 성공적이다. 그러나 또 한 가지 확실한 사실은 이 성공이 막대한 비용을 치렀다는 것이다. 외환위기 이후 중소기업은 물론 '대마불사'라는 대기업마저 잇달아 쓰러졌다. 부실 금융권을 정상화하기 위해 150조 원의 공적자금이 투입됐고, 제조업체의 약 30%는 이자보상비율 1 이하 상황에서 생존하기 위해 안간힘을 쓰고 있다.

그러나 가장 좋지 않은 과거의 유산은 '유연성 없는 노동시장'과 '격렬한 노동조합'일 것이다. 이에 대해 혹자는 "부작용이 있는 것은 사실이지만 그 같은 산업정책이 없었다면, 한국의 반도체 · 조선업 · 철강 산업이 오늘날처럼 세계의 선두에 나서지 못했을 것이다"라고 말하고 싶을 것이다. 물론 사실이다. 그러나 덴마크, 캐나다, 뉴질랜드는 자본집약적 산업 없이도 부유한 나라가 되었다.

미래의 유망업종은 소프트웨어, 미디어 또는 서비스 같은 '물질적 자본'이 아닌 '지식 기반' 산업에 있다.

첨단 정보통신 및 지식사회에서의 '정부주도' 산업정책은 매우 위험하다. 왜냐하면 어느 한 정부부처나 기관이 실수를 저질러 잘못된 방향으로 이끌면, 나라의 미래까지 위태로울 수 있기 때문이다. 과거의 중국이 좋은 사례다.

15세기 초 중국은 해운 및 조선기술 면에서 세계 최고 수준이었다. 그러나 미국 대륙을 발견한 것은 유럽이었고, 500년 동안 현대과학을 발전시키고 세계역사를 지배한 것도 서양문화였다. 중국이 뒤지게 된 요인은 '1인 통치체제'에 있다. 중국은 정치적인 이유로 조선소의 문을 닫아 기술적 강점을 상실했다.

그 후 중국은 상당기간 동안 광활한 영토 내 어느 곳에서도 조선업을 할 수 없게 됐다. 이와 달리 유럽은 여러 왕국, 봉건국가, 자치도시로 분열돼 각각의 체제를 구축하고 다양한 산업과 문화를 발전시켰다. 미래는 되도록 많은 사람에 의해 자유로운 경쟁 아래에서 여러 가지 위험과 시행착오를 겪으며 만들어져야 한다. 다시 말해 정책자들의 '기획'에 의해서가 아닌, '시장 원리'에 따라 미래가 정해져야 한다.

이 말대로 정부가 산업정책에 관여하지 않고, 부실기업도 지원하지 않으며, 게다가 새로운 산업을 일구는 일에도 관심이 없다면 과연 무엇을 해야 할까. 정상적인 경기 사이클이 만성적인 불경기로, 나아가 불황에 빠져들지 않도록 거시경제정책에 관여해야 하는 것이 정부의 역할이다. 이와 관련해 2001년 한국 정부가 보여준 역할은 긍정적이다. 정부는 또 소액주주의 권한을 포함한 재산권을 보호하고, 투명한 회사 경영과 유연성 있는 노동시장을 유도해야 한다. 아울러 스스로의 능력으로 생존할 수 없는 회사들이 더 이상 돈을 낭비하지 못하도록 '효율적인 정리절차'를 마련해야 한다. 그리하여 자본과 노동이 좀더 성장성 있는 영역으로 전환할 수 있도록 해야 한다.

또 기업가들이 새로운 사업에 적극적으로 도전하게 하고, 새로운 기술 및 비즈니스를 갖도록 유도하는 틀을 제공하며, 경쟁적인 경제환경 속에서 기본적인 생계를 꾸릴 수 없는 사람들을 위한 사회보장제도 확립도 정부의 역할이다.

정부는 또 지식뿐 아니라 공동체 정신과 정직성을 겸비한 창조적·비판적이며 자신감 있는 젊은 세대를 양성하는 '현대적인 교육 시스템'을 구축해야 한다. 이 같은 과제를 제대로 수행한다면 선진 국가를 이룰 수 있다. 물론 재정적인 문제가

있겠지만, 여기에 드는 비용을 시대에 뒤진 의식구조와 관습
에서 탈피하여 새로운 희망의 길로 가는 수업료로 인식해야
할 것이다.

2002-02-05

스톡옵션제 문제 없나?

지난 1985년 천연가스 공급업체로 출범하여 세계 최대 에너지유통기업으로 성장했던 미국 엔론(Enron)사가 결국 파산했다. 이와 같은 사건들은 주주 가치 극대화를 위해 효율적인 기업경영구조를 유지하려고 노력해 온 기업들에 여러 가지 시사점을 던져준다.

엔론사 파산의 원인은 경영자들이 주가 극대화에 관심이 없었던 것이 아니라 오히려 너무 많은 관심을 보여 주가조작, 투사사기만 행위에 대한 유혹을 뿌리치지 못해 비롯되었다. 그 결과 경영자와 주주의 이익을 추구하는 스톡옵션제도의 유용성에 부정적인 인식이 퍼지게 되었다.

경영자들은 일반적으로 주주 이익보다 자신의 이익을 추구하려는 경향이 있다. 이익을 희생해서라도 회사의 규모를 늘려 경영진의 힘이나 명성을 극대화하려는 것이 대표적인 사례다. 외부의 주주가 경영자를 효과적으로 감시하고 통제하는 일에는 한계가 있다. 이때 효율적인 방법의 하나가 바로 '스톡옵션제도'와 같이 서로의 이익을 조정할 수 있는 적절한 인센티브 프로그램이다.

경영자가 스톡옵션을 받게 된다면 자동적으로 주주의 이익을 도모하고 주가를 극대화하는 데에도 힘쓸 것이다. 그러나 스톡옵션제도에는 기본적으로 몇 가지 문제가 있기 때문에 목적 달성이 쉽지만은 않다.

첫째, 스톡옵션제도는 경영자에게 연구개발이나 제품광고는 소홀하게 하면서 단기수익 달성만을 위해 회사의 장기 전망을 무시하거나, 분식회계 등을 통해 주가를 부양케 하는 나쁜 동기를 제공할 수 있다. 역설적이지만 시장이 회사의 실적을 자세히 지켜볼수록 경영자의 주가조작 위험성은 더 커진다는 것이다.

매출 또는 이익 목표를 달성하지 못한 기업이나 경영자에 대해 주식시장이 급격한 주가하락이라는 방식으로 제재를 가하면, 경영자들은 이를 막기 위해 기만행위를 포함한 모든 수단을 동원할 가능성이 있다. 엔론을 비롯한 몇몇 통신회사의 인위적인 매출액 부풀리기 시도가 그 좋은 사례다.

둘째, 스톡옵션은 임금과 같은 보수의 한 방식이다. 어떤 피고용자도 스스로 임금을 정하지는 않는다. 그런데 스톡옵션제도는 그 혜택을 받는 최고경영진에 의해 제안되어 이사회에서 결정된다. 때때로 사외이사도 스톡옵션을 받는 경우가 있는데 개인적 이익을 위해 스톡옵션제도에 대해 관대하게 생각할 위험이 있다. 또한 주주의 이익을 희생시키면서까지 자신의 부를 늘리기 위해 스톡옵션을 이용할 위험도 있다.

그렇다면 스톡옵션제도가 주주의 이익에 반하는 것일까. 모든 경우가 다 그렇지는 않지만 효과적인 제도 운영을 위해서는 구체적으로 다음과 같은 점들을 고려해야 한다.

첫째, 너무 많은 스톡옵션이 제공되어서는 안 된다. 많은 기관투자가들은 스톡옵션제도가 시가총액 대비 과도한 비중을 차지할 때 대리인 투표를 통해 규제하는 제도를 가지고 있다. 지나친 스톡옵션제도는 필요 이상으로 많은 부를 주주로부터 경영자에게로 이동시키기 때문이다.

둘째, 주주가치의 장기적 극대화를 위한 동기를 부여하려면 스톡옵션의 행사가 가능하기까지 일정 기간(2~3년 정도)의 유보 기간을 두어야 한다.

셋째, 경영자가 주식시장의 움직임으로부터 쉽게 이익을 취하지 못하도록 행사가격이 결정되어야 한다. 이를 위해 시장 전체의 수익률이나, 개별업종지수 수익률을 초과하는 주가상승을 요구하는 기준을 생각해 볼 수 있다.

또 다른 대안으로 절대적인 목표 수익률을 정하는 방법도 생각해 볼 만하다. 예컨대 스톡옵션의 경우 빠르면 3년이 지난 후 행사 가능하고, 행사가격도 현 주가 수준에서 30%가량 오른 뒤의 가격이어야 한다는 원칙 등이다.

스톡옵션은 경영자와 주주 사이의 이익을 조정하는 중요하고 효과적인 방법일 수 있다. 그러나 스톡옵션제도가 단기간에

막대한 부를 획득하게 하는 보상제도로 악용되는 사례가 없도
록 해야 한다. 따라서 사외이사나 주주는 스톡옵션제도의 실상
을 면밀히 검토한 후 시행해야 한다.

2002-03-18

동북아시아의 허브가 되려면

한국은 1970년대와 1980년대에 걸쳐 눈부신 경제성장을 이룩해 '한강의 기적' 이라고 불리기도 했다. 한국의 경제성장은 정부주도로 계획, 실행됐는데 어떤 이는 "한국경제와 사회 전반의 현대화는 가히 혁명적이었다"고 평가한다. 세계적으로 볼 때 국가의 경제 개입은 발전보다 침체를 가져왔다. 그런데 한국은 정부가 경제에 적극 참여해 고도성장을 이룩했다.

한국이 여느 국가들과 달랐던 점은 정부의 강력한 수출 기업 육성 정책에 있다. 즉 해외시장에서 경쟁력을 가질 수 있게 된 것에서 그 이유를 찾을 수 있다. 더 중요한 것은 상류층을 포함해 사회 전반에 팽배했던 스파르타식 정신일 수 있다. 이러한 정신으로 한국은 다른 신생국들과 달리 과소비, 부정부패, 자본의 해외 유출을 피할 수 있었다.

그러나 한국의 발전 모델은 1990년대 초부터 흔들리기 시작했고, 1997년에 불어닥친 아시아 외환위기로 큰 타격을 받았다. 그로 인해 아시아는 물론 한국경제는 변할 수밖에 없었다. '과거에 통했던 성공 비결'은 외환위기 이후 효과가 없어졌다.

한국 정부는 국가경제와 경영난에 직면한 기업들을 위해 강력한 자유시장경제정책을 추진했다. 아직은 결점이 있고 또 구조조정의 갈 길은 남아 있지만, 결과는 대체로 긍정적이다.

하지만 이러한 시장적 해법은 노조뿐 아니라 일부 시민단체들의 비판을 샀다. 심지어 시장경제 체체를 지지하는 사람들조차 "새로운 시장경제 체제가 너무 추상적이어서 동기부여를 충분하게 제공하지 못한다"고 지적했다. 그래서 한국 정부는 더 구체적인 목표를 세우는 것이 필요하다고 판단, 한국을 동북아시아의 허브로 발전시키려는 계획을 하고 있다.

그러나 이러한 목표가 과연 한국의 새로운 발전이나 비즈니스 모델이 될 수 있을까.

첫째, 한국은 홍콩이나 싱가포르 같은 '도시국가'가 아니다. 도시국가는 비즈니스와 금융센터만으로도 국가경제의 기반으로 삼을 수 있다. 하지만 경제규모가 큰 한국은 비즈니스와 금융센터만으로는 국가경제를 지탱할 수 없다.

둘째, 한국은 일본과 중국 사이에 있어 지리적으로 유리한 위치에 있다. 이 두 나라의 경제규모는 크다. 경제규모가 큰 나라는 대체적으로 자국에 비즈니스 · 금융 센터를 두고 있다. 이는 한국이 비즈니스 허브로 설 자리가 없다는 게 아니라, 한국이 그러한 도전들에 맞서기 위해 경쟁력을 더 갖춰야 한다는 의미다. 주변의 경쟁적인 환경 속에서 주어진 업무를 잘 소화할 수 있는 능력을 갖출 때 국가 경제발전의 촉진제 역할을 할 것이다.

한국은 비즈니스 부문과 사회를 근본적으로 개혁할 필요가 있다. 한국의 동북아시아 비즈니스 허브화는 투명하고 효과적인 행정이 있어야 이룩될 수 있다. 때문에 관료나 규제기관의 자유재량권을 엄격히 제한하는 법규가 필요하다. 그래야만 부패를 척결하거나 감소시킬 수 있을 것이다.

이러한 사회제도를 바탕으로 시장을 개방해 각국의 전문서비스가 들어오게 하고, 한국에 진출한 외국기업들이 좀더 다양한 전문 서비스를 택할 수 있도록 해야 한다.

외국기업들은 시장을 실질적으로 개방하고 환영해 주는 나라에 '지역본부'를 설치·운영할 것이다. 나아가 사회 저항이나 불안을 느끼는 일 없이 현지기업들을 인수할 수 있도록 하고, 자체 상품이나 서비스를 파는 데 직·간접적 장애가 없도록 해야 한다. 즉 외국기업들을 위해 상품시장을 완전 개방해야 한다.

또 한 가지 중요한 것은 기업과 노조가 원만한 관계를 유지함으로써, 매우 의욕적이고 독창적인 전문가들을 노동시장으로부터 제공받을 수 있어야 한다. 진정으로 열린 사회를 위해서는 좋은 교육제도뿐 아니라 이견을 받아들이고, 시대에 뒤진 '계급주의'나 '연공서열제'를 과감히 버릴 수 있어야 한다. 물론 이는 한국이 이미 개혁하고 있는 일이기도 하다.

더불어 영어 실력과 교육시설, 그리고 외국인을 위한 주거환

경을 개선하는 것도 중요한 과제다. 이러한 근본적인 변화에 성
공한다면 한국은 동북아시아의 비즈니스 허브, 미래 세계경제
의 주요 역할, 나아가 세계를 선도하는 국가로 우뚝 설 수 있을
것이다.

2002-05-13

보수주의 경영의 장점

많은 기업가들은 일반적으로 보수적인 성향을 갖고 있다. 대부분의 사람들도 여기에 수긍한다. 하지만 '자본주의'와 '보수주의'가 반드시 양립하는 것은 아니다. '경쟁력'이라는 힘이 기존의 습관과 구조를 깨려는 경향이 있기 때문에 자유시장체제는 매우 역동적이라고 할 수 있다. 사업뿐 아니라 사회에도 적용되는 이러한 '창조적인 파괴'는 자본주의의 주요 특징이기도 하다.

사전석 정의에 따르면, '기업가는 기존의 사업운영 방식을 고수하는 보수주의자가 아니다. 오히려 기업가는 새로운 시장과 상품, 그리고 혁신적인 경영방식을 찾는 자로서 자신의 동물적인 직관을 믿으며 위험을 감수한다. 기업가는 소심하고 겁많은 다른 사람들이 기회를 놓칠 때 그 '기회를 잡는 자'라고 한다.

그러나 이것이 진실인가. 미국 기술주의 거품이 걷히고, 많은 인터넷과 IT 기업들이 부도나며, 엔론사 파산과 사건들은 이 같은 정의에 대해 의구심을 갖게 한다. 훌륭하고 존경받는 많은 기업가가 맨손으로 시작하여 '대제국'을 세우긴 했지만, 얼마 뒤 '사상누각'이었던 것으로 밝혀지기도 한다. 한강의 기적에 기여했다고 자부하는 한국의 일부 재벌만 보아도 그 사실을 알 수 있다. 30대 재벌 중 절반 정도가 1997년 외환위기 이후 부도를 겪거나, 워크아웃 되거나, 재벌구조를 해체해야만 했다.

실증분석 결과에 따르면, 각 기업의 수명은 흔히 생각하는 것보다 상당히 짧다. 전형적인 다국적기업의 '평균 수명'은 40~50년 사이이다. 여기서 평균 수명은 부도, 파산, 합병 또는 도산으로 기업이 소멸되기까지의 시간을 의미한다.

다른 연구에 따르면, 일반적으로 유럽계나 일본계 기업의 수명은 13년 미만이다. 이는 놀라울 정도로 짧지만, 대다수 창업 기업의 경우는 몇 년 이상 존속하기 어렵다는 것을 기억할 필요가 있다. 이는 시장이 적자생존방식에 따라 유지, 발전하고 한계기업은 지속적으로 퇴출된다는 사실을 뒷받침한다.

50년 이상 장수하는 기업들이 갖고 있는 공통점이 있다. 이들 기업은 재정적으로 보수적인 성향이 있고, 지나치게 야심적인 프로젝트나 전략 수행시 야기되는 과도한 부채비율과 재무적 부담을 피하는 경향이 있다.

그리고 더 중요한 것은 그들이 변화하는 환경에 끊임없이 적응하면서 확고한 기업문화와 정체성을 지켜나간다는 점이다.

그들은 또 확립된 전통에 기초를 둔 견고한 기반을 만들며 보수주의를 잘 이용할 줄 안다.

동시에 장수기업들은 화석화하지 않고 변화를 수용한다. 그리고 연구 인력들에 의해 제안된 혁신적인 상품 아이디어를 조직 내에서 받아들임으로써 이러한 변화를 성취해 나간다. 이 같은 사실에서 알 수 있듯이 보수적이고 리스크를 통제하는 동시에 기발한 아이디어를 수용하면서 새로운 길을 개척할 정도로 대담한 성향을 갖는 것이 자유경쟁시장에서 성공하는 비결이다. 양면을 겸비할 줄 아는 기업가가 드물기는 하지만, 생존한 기업가들조차 이처럼 균형 잡힌 태도를 오랫동안 유지하기가 쉽지 않은 일이다.

'창업자나 창업자 가족의 상당한 주식소유는 기업의 성공에 긍정적인 영향을 미친다'는 것을 실증분석 결과는 보여준다. 그러나 이는 신생기업에 국한된 것일 뿐, 오래 존속된 기업의 경우에는 오히려 부정적 영향을 미친다. 고령의 창업자가 그 회사 경영에 손을 떼었을 때 주가가 급등하는 것도 그러한 맥락으로 이해할 수 있다.

자본시장에서나 실물경제의 흥망성쇠를 보더라도 인간은 너무 보수적이고 비관적이거나 사려 깊지 못하고 낙관적일 수 있다는 사실을 알 수 있다. 비즈니스의 근본적인 문제는 최신 기술이나 경영방식을 좇아가느냐의 여부에 있는 것이 아니라, 인간의 본성에 달려 있다.

하지만 인간의 본성은 수천 년이면 모르겠지만 수백 년 정도

로는 크게 변하지 않으며, 바로 그런 점에서 흥망성쇠는 앞으로
도 되풀이될 것이다. 우리는 앞으로도 경제위기나 기업 스캔들
을 종종 경험할 것이다. 이렇듯 어려운 시대에서 살아남기 위해
선 역시 '건전한 보수적 관점과 태도'를 견지하는 자세가 필요
하지 않을까.

2002-07-08

히딩크의 성공, 한국의 변화

한국은 월드컵을 매우 성공적으로 개최했다. '조직적이고 안정적이면서 평화적으로 스포츠 축제를 개최한 국가'로 세계의 인정을 받았고, 한국 국가대표팀은 훌륭한 실력을 보여주었다. 한국 언론과 정부는 월드컵을 단순한 스포츠 축제 이상으로 승화시켰다.

이것이 외부 분석가들에게는 과장돼 보일 수도 있다. 현대의 기업들은 수천 명의 직원을 고용하고 하이테크 시설에 상당한 투자를 한다. 반면 축구는 어떤 중요한 기술장비 없이 11명의 선수들로 구성된 한 팀이 승리를 위해 뛴다. 선수들의 신체상태와 기술 우위가 승리를 결정한다고 할 수도 있다. 하지만 승리를 결정짓는 핵심 요인은 경기를 하는 선수들의 팀워크다. 이 점에서 축구를 기업경영에 적용시킬 수 있다.

닷컴기업들의 거품이 사라졌지만 세계는 정보화사회로 나가고 있음에 틀림없다. 모두가 시장에서 필요한 생산장비를 구매할 수 있기 때문에—예를 들어 모든 축구팀이 가장 좋은 축구화를 쉽게 구매할 수 있기 때문에—정보화시대에 공장과 같은 하드웨어의 중요성은 점점 감소한다. 하드웨어는 더 이상 기업들을 차별화하는 결정적 요소가 아니다.

기업이 최고의 인재를 채용해 그들에게 동기부여를 할 수 있고, 또한 그들이 하나의 팀으로 일할 수 있도록 한다면 그 기업은 성공하는 것이다. 축구와 현대기업 사이엔 이런 점에서 공통점이 많다.

히딩크의 성공은 연공서열, 지연, 학연 같은 한국의 전통적 가치나 관습에 구애받지 않고 실력 위주로 선수를 선발한 덕분이다. 그런 히딩크 방식이 한국의 대중으로부터 인정받고 변화의 청사진으로 받아들여졌다는 것은 놀라운 일이다. 이것은 변화를 수용하려는 한국인의 강점을 보여주는 예라 할 수 있다. 전통 유교의 가치관과 관행을 거스르면서 기꺼이 변화를 선택했기 때문이다.

이렇게 변화 수용에 적극적인 나라는 많지 않다. 대부분 국가는 변하는 것에 대해 자국의 문화와 모순된다는 이유로, 심지어 타국가와 문화를 지배하려는 제국주의적 수단이라는 이유로 외국의 행동양식을 거부한다.

한국인들은 스스로의 국민성에 강한 성취욕, 열심, 성실, 그리고 인내와 같은 우월한 면들이 있다는 것을 알고 있다. 한국인들은 뛰어난 업적을 성취할 수 있다는 자부심을 바탕으로 타인의 장점을 받아들여 한 단계 높은 발전을 이루어낸다. 이

렇게 적응하는 능력은 오늘날처럼 급변하는 시대에 매우 중요
한 요소다.

한국은 제철·조선·반도체 같은 제조업 분야에서 성공적
으로 세계 선두에 올라섰다. 이들 세 가지 산업은 중요한 공통
점을 갖고 있다. 첫째, 자본집약 산업이라는 것이고 둘째, 질서
정연한 생산과정이 요구된다는 것이며 셋째, 강한 상의하달식
의 경영방식이 유리하다는 점이다. 공공생활에서 뿐만 아니라
개인생활에서의 규율, 권위에 대한 복종, 개인의 목표를 집단
의 목표에 종속시키는 등의 유교가치는 자본집약산업의 요건
에 이상적으로 잘 맞았고, 경제발전에 결정적 역할을 하기도
했다.

그러나 시대는 바뀌고 있다. 경제력은 고부가가치,미디어,엔
터테인먼트,그리고 소비재산업에 점점 더 의존한다. 정보화시
대에 하드웨어의 중요성은 갈수록 줄어들고 있으며, 이제 성공
의 새로운 요소는 혁신성·창의성·진취성으로 대표된다. 기
업은 인재를 끌어오고 채용하고 동기부여를 하기 위해 융통성
있고 전적으로 성과에 주안점을 두는 새로운 환경을 제공해야
한다. 더 이상 서열이나 학연 또는 지연에 좌우돼서는 안 된다.
만약 과거에 많은 도움이 됐던 원로들로 인해 회사가 비효율적
으로 운영되고 가치파괴를 일삼게 된다면, 그것은 오히려 경쟁
에서 불리한 요소가 되는 것이다.

한국은 월드컵의 성공을 맹목적으로 국내 상황이 최상의 수
준이라는 증거로 삼기보다는 구습(舊習)을 변화시켜 발전하려

는 원동력으로 승화시키고 있다.

　이러한 태도는 필자로 하여금 한국이 제조업뿐 아니라 서비스업과 소프트웨어사업에서도 경쟁 우위를 차지해 다각화에 성공하는 경제로 변화해 갈 것이라는 확신을 갖게 한다.

2002-08-08

규제 감독이 능사 아니다

지난 1년 동안 세계금융시장에는 스캔들이 잇따랐다. 회계 부정, 탈세, 최고경영자에 지나치게 관대한 스톡옵션이나 연금 체계, 회계법인과 투자은행, 그리고 브로커 중심의 이해상충 등은 과거에도 있었고 오늘날도 여전하다. 미국에서 터지기 시작한 회계 스캔들의 결과 금융시장에 대한 투자자들의 신뢰는 손상됐고, 전세계의 주식시장은 침체에 빠지게 되었다.

한때 각광 받던 '닷컴', 'B2B', 심지어 '주주 가치'와 같은 전문용어들은 급속히 그 매력을 잃어가고 있다. 뿐만 아니라 최근까지도 이 말을 자랑스럽게 입에 올리던 사람들조차 이제 신중을 기하고 있다. 일부 시사문제 해설자들은 '자유시장'과 '자본주의 개념'에 대해 심각한 의구심을 나타내기도 한다. 그리고 자유시장체제보다는 전통적 국수주의적 가치뿐만 아니라 엄격한 법과 규정, 그리고 감시·감독이 강화되어야 한다는 주장이 목소리를 높여가고 있다.

자유시장체제를 살펴보자. 주식시장에서의 과잉투자 거품이 있었고 대파산도 있었으며, 심각한 회계 문제와 윤리적 문제가 있다는 것은 의심의 여지가 없다. 그러나 과거로부터 바라보면 이러한 것들은 결코 새로울 것이 없는 일들이다. 왜냐하면 수십 년마다 주식시장의 대폭락이 있었고, 광범위하고 엄청난 스캔들이 갑자기 터진 적도 있었다. 또 인터넷 거품도 낯선 현상은 아니다.

우리는 이미 철도 · 자동차 · 라디오, 그리고 1970년대 초반의 주식시장 성장으로 인한 거품현상을 경험한 적이 있다. 이 모든 사건들에도 불구하고 주식시장은 '장기 투자자' 들에게 '이례적인 수익' 을 안겨주었다. 지난 25년에 투자된 1달러는 97년에 1,830달러가 되었는데, 이것은 거의 2,000배나 불어난 것이다. 최근 주식시장의 하락세도 이러한 수준의 손실을 보지 않았다. 단지 2000년까지의 수익을 잃고, 97년 수준으로 돌아간 상태일 뿐이다.

하지만 그 동안 GDP(국내총생산), 1인당 국민소득, 그리고 복지 수준은 크게 향상됐다. 그렇기 때문에 누구도 자유시장경제체제와 그 체제를 떠받치고 있는 자본시장의 이점에 심각한 의혹을 제기할 수는 없다.

오히려 혹자는 자유시장경제체제의 이점을 누리기 위해 거품과 스캔들은 감당해야 할 '필요악' 이라고 말할지도 모른다.

물론 규제나 감독이 전혀 필요 없다는 말은 아니다. 금융시장은 신뢰와 투명성에 의존하며, 이를 기업 스스로 이루기에는 분명히 한계가 있다. 금융시장이 제 기능을 다하기 위해서는 법과 규제가 반드시 필요하다. 그러나 법과 규제에도 치러야 하는 대가는 있게 마련이다.

지난 1990년대에는 사회전반의 '규제 완화' 라는 대명제 때문에 규제를 철폐하려는 노력이 지나친 감이 있었다. 하지만 최근 일련의 회계스캔들 때문에 규제를 위한 규제를 추진하는 것 또한 바람직한 방향은 아니다. 사외이사, 준법감시인, 위험관리인, 그리고 내부 감사원, 심지어 당국의 엄격한 감독이 결합된다 하더라도 앞으로 발생할 사건이나 스캔들을 다 막을 수는 없다.

사람들의 사고방식이 변하지 않는 한 규제만으로는 불충분하다. 사고방식의 변화란 단지 경영자가 변해야 한다는 것만을 의미하지는 않는다. 투자자와 금융상품 구매자 또한 변해야 한다. 고객들은 좀더 신중하게 기업의 신용과 신뢰성을 점검할 필요가 있고, 고수익 보장에만 초점을 둬서는 안 된다. 최악의 경우에는—대우사건 때 관련된 수익증권의 손실과 같이—누군가가 고객들을 손해로부터 보호해 줄 것을 바라서도 안 된다.

고객뿐 아니라 경영자와 금융회사의 도덕적 해이를 없애기 위해서는 자유시장이 제대로 움직여야 하고, 손실에 책임 있는 사람들은 직접 그 책임을 져야 한다. 그것이 명성이나 일자리를 잃는 것이 되든, 기업의 폐쇄이든—고객의 입장에서는 돈을 잃는 것이든—고통을 감수해야 한다.

오로지 이러한 고통만이 진정한 변화를 가능하게 하고, 사람들이 좀더 신중하게 행동하며 위험관리를 잘 하도록 만들 수 있을 것이다. 규제와 감독을 강화하는 것만으로는 일시적인 안도감을 줄 뿐이다.

2002-09-17

주식투자자들의 오류

행동금융학(Behavioural Finance)은 경제학을 실험학문으로 여기는 실험경제학의 한 분야다. 2002년 노벨경제학상을 수상한 대니얼 카너먼 교수는 이 분야의 공헌자다. 행동금융학은 정통경제이론과 달리 인간이 항상 이성적으로 행동하는 것이 아님을 증명한다. 그리고 현실적으로는 신고전주의 경제학(neoclassical economics)이 말하는, 이성적이고 효용 극대화적 결정을 내리는 인간형인 호모 이코노미쿠스(homo economicus)는 존재하지 않는다고 본다.

주식투자자들은 실적 좋은 주식은 너무 빨리 팔지만, 실적 나쁜 주식은 오래 보유하는 경향이 있다. 주식투자자뿐 아니라 회사 CEO들 또한 실패한 행동에 집착하는 경향이 있다.

잘못된 결정을 인정하고 손실 내는 사업 분야를 그만두기보다는, 실패 원인이 불리한 외부 영향이나 불운 탓이라 여기면서 나중에는 모든 것이 잘 될 것이라고 생각한다.

이러한 행동은 인간의 또 다른 잘못된 생각과 연관이 있다. 그것은 바로 우리가 스스로에 대해 지나치게 확신한다는 것이다. 특히 뜻밖에 큰 성공을 거두고 있는 시기에는 더욱 그렇다. 1980년대 스웨덴에서 실시된 조사에 따르면, 운전자들의 90%가 스스로를 '보통 이상으로 숙련되고 신중한 운전자'로 생각한다고 나타났다. 이와 같은 '지나친 확신'이 많은 투자자들로 하여금 주식투자에 성공할 수 있다고 믿게 만든다. 미국의 한 연구에 따르면, 1983~2000년 주식펀드가 연 13.3%의 수익을 낸 반면 일반 펀드투자자들은 연 5.3%의 수익에 그쳤다. 일반 펀드투자자들의 수익률 저조 원인은 사고파는 시기를 잘못 결정했기 때문이다. 싸게 사서 비싸게 파는 것이 아니라, 비싸게 사서 싸게 팔았던 것이다.

한국 주가가 절정에 이르기 바로 전 주식투자펀드에 자금이 대량 유입된 사례가 있다. 불과 몇 달 전 종합주가지수가 800p, 심지어 900p일 때 매수한 사람들이 그보다 훨씬 낮은 주가지수에도 매수를 꺼리고 있다.

파생상품 전략에는 효용이 있지만 주식투자엔 별 의미가 없는 손절매(Stop Loss) 규정을 따르는 기관투자가들을 포함한 많은 투자자들이 하락 시세에 내다 판다. 주식시장에서 큰 돈 벌기에 가장 좋은 기회는 '하락시세에 사는 것'이라는 것을 역사가 가르쳐주고 있는데도 투자자들은 '상승시장에서 사고 하락시장에서 파는' 경향이 있다.

실험금융학에서 배울 두 가지 교훈이 있다.

조금 덜 고무적인 교훈은 불행하게도 '정통경제학의 시장은 효율적'이라는 것도 온전히 신뢰할 수 없다는 점이다. 시장이 항상 효율적인 것은 아니다. 시장은 효율적 자본배분을 보증한다기보다 엄청난 자본 낭비와 심각한 경제적 고난을 초래할 수 있는 거품을 만들어낼 수도 있다.

다른 하나는 비합리성이 존재하기 때문에 분별력 있는 투자자들에게는 오히려 많은 기회가 생길 수도 있다는 고무적인 교훈이다.

거품을 초기에 파악하고 피하기는 아주 힘들다. 하지만 하락장에서 용기 있게 매수함으로써 더 많은 수익을 얻을 수 있는 것이다. 역사는 주식시장이 언제나 저점에서 회복했음을 명확하게 보여준다. 결국에는 주식시장이 기업의 수익잠재력을 공정하게 반영하게 된다. 자유시장경제를 신뢰할 만한 근거가 또 있다. 실험경제학은 사람들이 항상 이성적으로 행동하지 않는다는 것을 증명하기 위해 자연과학 분야에서는 매우 보편적이지만 경제학 분야에서는 새로운 연구 방법인 '실험'을 도입했다.

그러나 우리는 이미 시장이 존재하지 않는, 이른바 공산주의적 중앙계획경제라는 대규모 실험을 겪었다는 사실을 잊어서는 안 된다. 그러한 실험들은 실패와 재난을 초래했을 뿐이다. 자유시장이 완벽에는 못 미치지만, 그래도 우리에게 최상임에 틀림없다.

2002년 노벨경제학상 공동수상자인 버논 스미스 교수도 이

를 지지한다. 그의 실험은 사람이 완전히 이성적이지는 못할지
라도 많은 경우 그들의 의사결정은 경제이론이 예언한 결과와
동일하다는 사실을 보여준다.

2002-11-01

자산 인플레이션은 누구 책임?

각국의 통화정책은 1970년대 스태그플레이션을 겪으면서 변화를 거듭했다. 중앙은행은 통화주의의 영향으로 물가안정을 유지하는 것이 가장 중요한 목표라고 여기게 됐다. 물가안정은 제 기능을 다하는 시장 시스템과 높은 경제성장, 그리고 금융안정의 필수조건으로 여겨졌고, 1990년대는 마치 이 명제의 시연장(試演場 : showcase) 같았다. 낮은 인플레이션은 생산성 향상과 높은 경제성장을 동반했다.

그러나 아시아 외환위기에 이은 세계증시 거품 붕괴는, '낮은 인플레이션은 금융 불안정을 막기에 충분하다' 는 신념을 사라지게 만들었다. 이후 중앙은행이 '물가뿐 아니라 자산 인플레이션까지 예방할 책임을 지녀야 하는가?' 를 두고 논쟁이 일어났다.

자산 인플레이션은 일반적으로 증시 거품과 관련 있다. 그러나 증시 거품은 미리 진단하기가 매우 어렵다. 게다가 자본시장은 자유시장 시스템의 토대인데, 증시의 운명까지 결정하는 권한을 중앙은행에 부여한다면 자유주의 경제학자들을 경악하게 할 것이다.

통화주의는 간섭받지 않고, 시장이 혼란 없이 효율적으로 움직일 수 있도록 통화 안정성을 유지해야 한다는 신념을 기초로 하고 있다.

그러나 자산 인플레이션을 예방한다는 것은 간섭과 다름없다. 하지만 자산거품으로 시작해서 디플레이션, 금융 불안정과 심각한 불황의 위험으로 끝나는 악순환의 위험성은 극단적인 자유시장 옹호자들의 주장을 일축할 수 있을 정도로 크다. 일본경제가 이를 잘 보여준다.

최근 BIS(국제결제은행)의 보고서는 자산거품과 금융불안정의 관계를 조명해 주고 있다. 실증적 증거에 비추어볼 때 금융시스템과 실물경제에 큰 부담을 초래하는 원인은 자산거품 그 자체가 아니라, 과다한 신용확대와 자산 인플레이션의 결합이다.

지난 40년 동안 라틴아메리카와 아시아 신흥시장의 위기는 물론, 일본·미국·영국·호주, 그리고 북유럽 국가들에서도 나타난 양상이다.

폭등하는 자산가격 및 때로는 막대한 규모의 기업투자와 함께 빠른 신용증가는 금융위기의 가장 중요한 지표다. '낮은 인플레이션만으로 중대한 금융문제를 막을 수 없다' 는 것은 명백한 사실이다. 1980년대 말 일본경제가 곤란을 겪기 전, 일본은 사실상 거의 제로 수준에 가까운 낮은 인플레이션을 유지하고 있었다. 한국 또한 1990년대 인플레이션이 하락해 외환위기 직전에는 4% 이하로 떨어졌었다. 신용 폭증, 그리고 자산과 투자의 거품이 결합하면서 일으킬 수 있는 위협에 비하면, 높은 인플레이션은 부차적 문제로 보인다.

사실 중앙은행의 정책성공은 문제를 오히려 악화시킬 수도 있다.

만약 중앙은행이 인플레이션을 낮게 유지하는 데 성공, 물가안정성을 지켜주는 믿을 만한 보증인이라면 사람들은 더욱 안심할 것이다. 그리 되면 1990년대 미국이 경험한 것처럼, 인플레이션 없는 경제성장에 대한 과잉신뢰로 자산가격의 상승과 과잉투자가 조장될 수도 있을 것이다. 그러나 부동산가격이든 주가든, 문제의 핵심은 자산가격 인플레이션이 아니다.

자산이 부풀려진 가격에 대출의 담보로 사용되거나, 부채로 자금을 조달해서 자산을 구입했다면, 자산 인플레이션과 뒤따르는 거품 붕괴가 엄청난 문제를 야기한다.

금융위기를 초래하는 것은 과잉 지렛대 효과(over-leverage)다. 따라서 지금 나서야 할 곳은 중앙은행이나 통화당국이 아니라 금융감독기구다.

중앙은행이 증시와 부동산시장 최종 검열에 나서야 할 필요는 없다. 그보다는 금융당국의 슬기로운 규제가 필요하다.

부실채권 및 요주의 여신의 엄격한 분류, 충당금 규정을 포함한 신중한 대출 관행의 집행이 요구된다. 심지어 은행들로 하여금 회생 불가능한 기업들에 계속 대출해 줄 것을 권하기도 하는 경제정책 입안자들이 비난 받아 마땅하다. 그러나 금융위기 예방에 성공하기 위해서는 더 바람직한 금융 규제뿐 아니라, 훌륭한 기업지배구조와 가계·기업·금융회사 모두 철저한 위험 평가에 근거한 신중한 의사결정이 필요하다.

2002-12-10

재벌정책 성공조건

노무현 후보가 제16대 대통령에 당선되면서 재벌정책이 다시 논란의 대상이 되고 있다.

노 대통령 당선자는 과거의 정부개입 대신 시장경제 원리에 기반을 둔 현 정부의 경제정책을 지속해 나갈 것으로 보인다. 그러나 계열회사들에 대한 출자제한이나 구조조정본부의 해산 요구처럼 재벌에 대한 특정한 규제들은 시장경제 원리와 상치된다. 한국의 경제사를 거슬러서 올라가 보면, '재벌'이 시장경제에 가장 효율적인 모습으로 나타난 것은 아니지만, 그 동안 한국의 경제발전에 크게 기여했음은 누구도 부인하지 못한다.

역대 정부들은 특혜대출을 해주거나 사업허가권을 통해 재벌기업들을 보조했다. 뿐만 아니라 때로는 새로운 사업이나 경제 활동에 투자를 장려하고 지도하기까지 했다. 물론 이들 재벌에도 시장경제 원칙이 적용됐다.

경영이 효율적이었던 재벌들은 빨리 성장해 오늘날 한국경제에서 매우 중요한 위치를 차지하기에 이르렀다. 반면 효율성이 낮은 재벌들은 1997년 외환위기 이후 파산하거나 해체되었다.

그래서 오늘날 한국의 재벌은 정부개입과 시장원리 양축의 결과로 이루어졌다고 할 수 있다. 과거 정부의 개입에 따라 시장이 왜곡됐다면, 시장을 회복시키는 것 역시 때때로 정부의 개입을 요구할 것이다. 정부의 개입은 자유시장 정책과 양립할 수 있으며 또한 자유시장 원리에 필요한 요소일 수도 있다.

그렇다면 '어떤 종류의 정부개입이 가장 효과적인가?' 라는 의문이 남는다.

필자는 기업 활동에 대한 직접적인 규제와 시장경제를 강화해 시장이 문제를 해결하는 간접적인 개입 중 후자를 찬성한다. 직접적인 규제를 통한 정부의 개입은 활발한 기업 활동을 억제·방해하며, 기업들로 하여금 우회나 로비 활동 등을 통해 규제를 피해가도록 유도한다.

최악의 경우 정부개입은 부패로 귀결되거나 규율과 규제가 발표되었음에도 불구하고 부분적으로 불평등하게 적용되든지 심하면 전혀 적용되지 않아 정부에 대한 신뢰를 잃게 할 수도 있다.

하지만 최고의 교육을 받은 훌륭한 공무원들보다 시장이 효율적인 해결책을 찾을 가능성이 더 높다는 것이다.

그렇다면 어떻게 나가야 할 것인가?

지금까지 발표된 새 정부의 기업투명성 제고를 위한 방안이
나 기업지배구조와 주주권리를 강화하고 증진하고자 하는 등의
정책은 올바른 방향을 취하고 있다고 판단된다. 현 정부는 IMF
외환위기 이후 한국경제를 정상화하는 데 크게 기여했지만, 이
제 그 개혁의 추진력은 현저히 떨어지고 있다. 만일 새 정부가
좀더 효과적이고 효율적인 기업지배구조를 추진할 수 있다면,
현존하는 재벌기업들의 문제를 시장원리에 맡겨둠으로써 해결
할 수 있을 것이다.

그런 뒤 효율적인 재벌기업들은 자본시장에서 추가로 자본
을 받아 성장하게 될 것이고, 비효율적인 기업들은 불리해지고
뒤지다 결국 시장에서 퇴출될 것이다.

그러나 만일 주주가치를 훼손하는 기업들이 자본시장의 지
원을 더 이상 받지 못하는 상황이 생기더라도 정부는 정책의 일
관성을 유지해야 한다. 즉 정부가 시장에 개입해 취약한 기업들
을 인위적으로 도와서는 안 된다.

가장 효과적인 재벌정책은 시장에 따라 결정된 기업의 운명
이 정부개입(지원)을 통해 모면할 수 있다고 생각하게 해서는 안
되며, 그들의 행동과 경영권에 대해 스스로 책임지도록 해야 하
는 것이다. 이 같은 시장접근은 성공적인 기업들의 수익창출 행
위를 규제하는 것과 비효율적인 기업에 생명줄을 주는 것 같은
심각한 정책적 오류들을 피할 수 있게 한다.

시장경제원리에 역행하는 방법을 선택한다면, 경제정책이
공공의 복지와 성장을 촉진하기보다 궁극적으로 경제성장과 국

민복지 증진에 장애가 될 것이다. 이는 결국 수입의 감소와 높은 실업률을 유발할 것이고, 나아가 더 많은 세금 등의 형태로 국민 부담을 확대하는 결과를 초래할 것이다.

2003-01-20

공정거래정책의 역할

자본주의의 '아버지'인 애덤 스미스(Adam Smith : 1723~90)는 이런 말을 했다.

"같은 업종에 종사하는 사람들은 즐거운 일이 있을 때에도 거의 만나지 않는다. 설령 만나더라도 그 대화는 대중을 향한 음모나 가격을 올리고자 하는 계략으로 끝난다."

자유시장체제에서는 개인들이 스스로의 효용을 최대화함으로써 공공의 복지를 증대시킨다. 그런데 '보이지 않는 손'이 그 과정을 조정하거나 지도한다. 보이지 않는 손은 기업 등 경제주체들 간 경쟁에 의해 작용한다.

하지만 아이러니하게도 '경쟁'은 시장경제에 존재하는 모든 주체가 기피하는 것이기도 하다.

기업은 시장을 지배하고자 하는데, 만일 뜻대로 되면 '경쟁'을 무시할 수 있는 독점자가 된다. 이것은 자본주의체계의 우수 인력들이 경쟁을 소멸시키기 위해 밤낮으로 몰두한다고 생각하는 마르크스주의적 사고와 유사하다. 이에 따르면, 자본주의는 마치 자기 파괴적인 시스템처럼 보인다.

세계적으로 많은 대기업이 있지만 독점적 지위에 있는 기업은 드물다.

독점은 공익사업체, 우체국, 고속도로와 같이 정부 규제를 받는 영역에서만 볼 수 있다.

산업화 시작 이후 200여 년이 지난 지금, 대부분의 시장과 산업들은 국가적 차원뿐만 아니라 세계적 차원에서도 세분화되어 있다.

세계 시장의 20~30%를 차지하는 기업들도 치열한 경쟁을 한다. 휴대전화기 또는 D램 시장이 대표적인 사례다. 어떤 이들은 이러한 경쟁이 공정거래나 반독점위원회제도에 의한 것이라고 주장한다. 그러나 경제에 어느 정도 영향을 미치기는 해도 시장의 힘이 강해 독점을 허락하지는 않는다고 본다.

그리고 독점기업도 시장의 영향력 아래에 있다. 만약 독점기업이 눈에 띌 정도로 많은 이윤을 낸다면, 다른 기업들이 시장에 진입하는 계기가 될 것이며, 그 결과 경쟁은 다시 살아날 것이다.

만약 독점이 일어난다면 이것은 특혜적으로 비즈니스 라이선스를 허락하는 것과 같은, 정부와 기업 사이의 결탁에 의한 결과다. 때로는 정부가 실업자를 구제하고 국내기업을 보호하거나, '국가적 우량기업'을 만들기 위해 경제에 간섭함으로써 경쟁의 힘을 약화시킨다.

정부는 중소기업을 보호하기 위해 다양한 산업정책을 수행한다. 대부분의 정책은 소수 기업이나 분야에 특혜를 허락하고, 기타 기업들의 행위는 규제하고 있다. 그러나 정부가 소비자를 보호하는 것처럼 자신들이 해야만 하는 일들을 수행하는 모습은 찾아보기 어렵다. 이것이 바로 스미스가 우려했던 점이다.

그가 주장한 것은 소비자 이익이다. 만약 독점기업이 가격을 시장가격보다 높인다면, 소비자의 복리수준은 줄게 된다. 시장점유율이 높거나 주도적이라는 것이 독점의 증거가 되는 것은 아니다. 비정상적으로 높은 가격이 그 증거가 된다.

대부분의 국가에서는 보호주의적 농업정책을 시행하고 있다. 그 결과 국제적 경쟁이 사라져 식품가격이 비정상적으로 높아진다. 물론 보호주의 농업정책엔 정당한 이유가 있을 것이다. 하지만 왜 농부들이 그 값을 치러야 하나. 필요하다면 정부는 산업화에 따른 필연적인 경제의 구조적 변화에 농민들이 적응할 수 있도록 일정 기간 직접보조금을 농민들에게 지급해야 한다.

개발도상국에서는 자국 생산품 국내가격이 국제시장가격보다 비쌀 때가 있다. 이것은 수출증진 정책의 여파다. 또 다른 이유는 비효율적·시대착오적 유통 시스템 때문이다. 발전된 도·소매 기술과 형태를 도입해 소매 분야의 경쟁을 촉진하면 저소득층 복지를 향상시킬 수 있다.

대부분의 정책은 인수나 합병 또는 거대 기업들의 근거 없는 주장에 더 관심을 기울인다. 물론 이러한 동향 가운데 몇몇 경우는 정당화될 수 있다. 하지만 이럴 경우 부정적인 결과를 초래하지 않도록 충분한 검토가 이뤄져야 한다.

일반적으로 성공적인 기업은 그렇지 못한 기업보다 경제나 국가에 짐이 되지 않는다. 성공하지 못한 기업이 실업을 유발하며, 경제에 부담을 준다. 정책담당자들은 그들이 지키려는 시장원리를 위협하는 규제들을 제거하는 데 역량을 집중해야 한다.

2003-02-25

주식투자 vs 채권투자

　주식시장의 거품이 빠지기 전, 주식은 장기투자자들이 선호하는 투자대상이었다. 영국의 경우 연기금과 생명보험사들이 자산의 50% 이상을 주식에 투자하기도 했다. 그러나 최근 세계 증시의 약세는 주식투자의 리스크에 경각심을 불러일으켰다. 이에 영국의 한 연기금은 자사소유의 모든 주식을 채권으로 전환했으며, 다시는 주식에 투자하지 않겠다고 단언하기도 했다.

　주식투자 옹호론은 장기적으로 주식이 채권보다 현저히 많은 수익을 낸나는 실증분석에 바탕을 둔다. 그러나 단기적으로는 주식이 채권보다 리스크가 높다. 미국과 영국의 역대 시장 자료들을 살펴보면, 주식이 채권에 버금가는 수익을 내기까지는 20여 년이 걸렸다고 한다.

　기타 주식시장에 대한 최근의 연구들도 최소 40년, 또는 50년 넘게 주식에 투자해야 그 수익률이 채권수익을 상회할 수 있었다고 한다. 사람의 평균 수명과 투자를 시작하는 연령이

20대라는 것을 감안한다면, 50년이라는 세월은 케인스가 남겼던 명언 "먼 훗날 우리는 모두 죽는다"라는 말의 의미를 이해할 수 있다. 그렇다면 주식투자를 포기해야 할 것인가? 특히 경제적·지정학적 위험이 극에 달한 오늘날에는 과연 어떻게 하는 것이 좋을까.

흥미로운 점은, 상황이 불안정했던 과거에도 주식이 채권보다 더 나은 수익을 실현했다는 사실이다. 공황이나 초인플레이션, 심지어 전쟁과 같은 극한 상황에서도 주식이 채권보다 더 안정적인 역할을 했다.

제1차 세계대전이 있었던 1900~19년 시기의 대공황과, 제2차 세계대전이 있었던 1930~49년에도 주식수익률이 채권수익률을 능가했다. 양 대전을 모두 패배한 독일에서는 주식·채권 간 수익률 차이가 세계 평균보다 훨씬 높기도 했다. 전쟁에서의 패배가 때때로 초인플레이션이나 화폐개혁을 통해 직·간접적으로 정부채권가격을 폭락시키기 때문이다.

평시에 채권이 보장하는 안전성에 대한 대가는 훨씬 더 높아질 수 있다. 안전성을 위해 채권투자자들이 감수해야 했던 대가는 낮은 실질수익률이었다. 지난 1세기 동안 채권이 제공한 실질수익률은 1.2%에 불과했다. 이렇듯 저조한 수익률로는, 특히 세후 수익률을 감안한다면 채권을 부의 축적수단으로 생각하기 힘들다.

세계대전과 같은 지정학적 위험을 차치한다면 세계적인 디플레이션과 불황이 오늘날 가장 큰 위협일 것이다. 1930년대만 보면, 채권수익률이 주식을 상회했다. 금리가 떨어지고 있는 디플레이션 환경이라면, 채권은 분명 매력적인 투자대상이다.

일본의 예만 보더라도 알 수 있듯이 세계의 디플레이션이 지속된다면, 현재 저조한 미국채권 금리조차도 더 떨어져 채권투자자들에게 자본이익을 제공할 수 있다. 그러나 세계적 불황의 가능성은 높지 않다. 세계의 지정학적 위험의 감소와 세계경제의 회복이라는 긍정적인 시나리오는 채권금리의 급등으로 채권투자에 낮은 수익률, 심지어 마이너스 수익률을 초래할 수 있다.

극한 상황에 주식이 채권보다 더 안정적인 투자대상일 수 있다는 사실은 경험을 통해서 알 수 있다. 그러나 투자자들은 자신들의 자산을 배분할 필요가 있다. 최근의 사례에서 볼 수 있듯이, 단일종목은 저조한 실적이나 기타 스캔들에 의해 단기간에 폭락할 수 있다. 하지만 증시 전반은 이보다 더 안정적이다. 진주만 사태가 일어난 직후, 미국증시는 이틀 동안 7.6% 정도만 하락했다. 보수적인 투자자들에게는 채권과 주식의 적절한 분산부사가 좀더 적합한 선택일 수 있다.

현재의 지정학적 위험이 신속히 해결되고 세계경제가 기대 이상으로 회복한다면, 채권금리는 분명히 오를 것이다. 하지만 이 경우, 포트폴리오 내에서 주식가치도 올라 채권부분의 손실을 상쇄할 것이다.

반대로 상황이 더 악화되고 디플레이션이 세계적으로 가속된다면, 주식시장은 더 떨어질 가능성이 높고, 채권금리도 마

찬가지일 것이다. 채권 부분의 수익은 최소한 주식의 손실을
보상할 수 있을 것이다. 물론 주식시장이 공황상태에 빠진다면
채권수익이 치솟고 주가가 폭락하는 모습을 볼 수 있을 것이다.
하지만 이런 상황은 그리 오래 지속되지 않을 전망이다.

2003-03-26

성장, 양보다 질을 높일 때

한국은 2002년에 6.3%의 GDP(국내총생산) 성장률을 기록했다. 세계적으로 만연했던 경제 불황을 감안한다면 놀라운 수치다. 이 같은 GDP 성장은 국내의 활발한 수요로 이루어졌고, 국내 수요는 가계부채의 급격한 증가로 뒷받침됐다.

가계부채는 2001년 342조 원에서 2002년 말 439조 원으로 28% 증가했다. 그에 따른 부작용으로 한국 성인인구의 14%가 빚을 갚을 수 없게 됐고, 신용카드 연체율은 미국 카드사의 몇 배를 상회했다. 그리고 한시적으로는 카드사들이 자금시장으로부터 자금을 보충받을 수 있는 기회를 잃게 됐다.

분명한 사실은 소비자와 카드사들이 한동안 '높은 GDP 성장률의 대가'를 치러야 한다는 점이다. 한국의 소비심리는 침체돼 있고, 소매 또한 두 달 연속 감소한 상태다. 2003년 경제 전망은 그리 낙관적이지 않다. 물론 필요하다면, 정부가 공적자금을 투입해 경제정책을 활성화시켜 최악의 상황은 피할 수 있을 것이다. 하지만 적자재정은 정부부채를 가중시키고, 이는 세금증가로 이어질 것이다. 그 결과 미래의 경제성장이 제한되고 납세자 부담이 높아지는 등 그에 상응하는 대가가 따를 것이다.

무리한 고성장은 공공복지를 향상시키기보다 정부개입을 늘리는 등 악순환을 초래한다. 1997년 외환위기 이전, 한국은 매년 증가하는 투자지출에 의존해 높은 성장률을 유지할 수 있었다.

이것은 기업들의 차입경영을 부채질해 일부 재벌의 도산으로 이어졌고, 한국경제 전체를 위기로 몰아갔다. 그 이후 기업부채는 많이 감소했지만 여전히 한국의 경제성장은 채무 증가분에 의존하고 있다. 최근엔 가계 부문의 부채가 폭발적으로 늘어나 이것이 한국경제의 성장을 이끌었다.

현재 한국경제의 총부채는 외환위기 전보다도 많다. 한국은 선진국보다 부채 의존도가 낮은 정부 부문의 부채를 증가시킴으로써 향후 수년 간 성장을 지속할 수 있다. 하지만 그렇게 한다면 기업, 가계, 정부, 모든 부문에서 조정의 여력을 잃게 될 것이다.

더욱이 과도한 부채는 리스크와 변동성을 증가시킨다. 자본시장은 변동성을 선호하지 않아 그에 대한 대가, 즉 리스크 프리미엄을 요구한다. 한국증시는 다른 나라들보다 현저히 저평가돼 있다. 이른바 Korea Discount는 한국경제가 갖고 있는 상대적으로 높은 리스크로 어느 정도 정당화될 수 있다고 보인다.

한국 GDP의 변동폭은 한국증시의 변동폭과 병행한다. 지난 10년 동안의 GDP성장률 변동폭은 미국이 3%인 데 반해 한국은 10%였다. 10년 동안의 증시 변동폭은 미국이 16%인 반면 한국은 무려 37%나 됐다. 이처럼 높은 리스크 때문에 현재 S&P 500의 PER가 17인 반면 KOSPI의 PER는 6.5에 불과하다.

Korea Discount의 또 다른 요인은 한국 기업의 회계수준과 기업지배구조에 대한 투자자들의 불신 때문이다. 높은 성장률과 기업지배구조 사이에 어떤 관계가 있음직해 보이는 현상은 비단 한국에만 해당하는 얘기가 아니다.

이는 최근 전세계에 경종을 울린 기업지배구조 스캔들을 보면 알 수 있다. 이들 사건은 기업수익 성장률의 일정 부분은 적어도 지속 가능하지 않았을 뿐 아니라, 부당하게 조작한 것으로 드러났다.

의도적으로 성장을 유도하는 것은 흔히 리스크와 변동성을 증폭시킨다. 따라서 정부와 기업은 성장의 '질'(지속성장 가능성)에 초점을 맞춰야 할 것이다. 고성장정책은 경기과열과 침체를 초래하고, 시장이 자생력을 상실해 결국 정부의 과도한 개입을 불러온다. 정부의 개입은 자유시장을 저해하거나 파괴할 수도 있고, 도덕적 해이를 가져오며, 국가의 장기적 성장과 복지를 해칠 것이다.

정부는 직접적으로 성장을 지원하는 대신 자유시장 시스템의 활성화를 위해 건실한 인프라와 효율적인 기관 구조를 제공하는 것이 바람직하다. 또 국민의 삶의 질을 높이는 데에도 힘써야 한다.

대구지하철 참사나 서울의 환경오염도가 세계 상위권인 모습 등은, 성장을 위해 삶의 질과 안전을 희생했다는 것을 반증한다. 한국은 이제 개발도상국 단계를 지났다. 이제는 발전의 양(量)이 아니라 발전의 질(質)로 전환할 때다.

2003-04-30

시장에 참견하지 마라

"시장에는 돈을 제외한 어떠한 도덕도 존재하지 않는다"는 주장이 세계적으로 일어난 분식회계 스캔들로 입증되는 듯하다. '에이전시 이론'은 경영자가 회사·주주는 어찌 되든 자신의 이익만을 추구한다고 주장한다. 분식회계 사건들로 드러난 개인의 탐욕은 많은 사람을 놀라게 했다. 이 같은 결과를 놓고 혹자는 기업에 대한 주식시장의 압박과 기업 성공신화에 대한 단순한 믿음이 원인이 되었다고 지적한다.

윤리와 자유시장이 양립할 수 없다는 견해는 일련의 사건들로 인해 이제 급진파들만의 생각은 아닐 것이다. 일부 보수주의자조차 산업화와 근대화가 전통적인 가치와 윤리적 기준의 쇠퇴를 가져왔다고 주장한다. 개인들은 마치 금전적인 욕망에 사로잡혀 충동적인 소비자로 전락한 것처럼 보인다.

애덤 스미스가 "보이지 않는 손의 기적으로 공공복지를 최대화할 수 있다"고 말했지만, 어떤 사람들은 시장체제의 이론적

중심이 자신의 수익과 복지를 최대화하려는 이기주의에 있다고 지적한다.

흥미로운 사실은 18세기의 여러 철학자와 초기 경제학자가 '시장'이 윤리관을 향상시킬 수 있을 거라고 생각했다는 점이다. 경쟁적인 환경에서 자기의 이익과 금전적인 목표를 끊임없이 추구하기 위해서는 자신의 욕구와 열망을 제어하며 합리성을 우선시할 것으로 판단했기 때문이다. 산업화와 자유시장경제 도입이 200년 정도 지난 지금, 세상은 아직도 권력과 무모 그리고 불합리로 가득 차 있다. 어쩌면 자본주의의 시조들이 너무 낙관적이었는지도 모른다. 시장은 그들이 예상했던 것보다 영향력이 크지 않았고, 인간의 악한 본성은 영원하거나 변하지 않는 것처럼 보인다. '나쁜 버릇은 고치기 힘들다'란 속담이 있지 않은가.

그럼에도 불구하고 자유시장은 성공한 사례라고 평가할 수 있다. 법의 테두리 안에서 자신의 번영과 행복을 추구하는 것은 인간의 가장 기본적인 권리다. 경제발전은 많은 국가가 민주화되는 원동력이 됐다.

시장체제는 정치적 자유주의의 가장 중요한 요소다. 즉 정부가 모든 것에 참견하거나 시민들에게 관료적인 의사결정을 권위적인 방법으로 주입하기보다, 시장이 제 기능을 할 수 있도록 제도적인 구조를 제공하는 데 전념하면서 개인의 권리와 자유를 보호한다.

분명 시장은 완벽하지 않다. 그리고 시장에 불합리한 사례도 여럿 찾아볼 수 있다. 하지만 지난 200년 동안의 역사를 되돌아보면, 정부에 의해 발생한 치명적인 실패들이 시장에 의한 것보다 훨씬 더 많다. 때때로 정부가 시장의 실패를 초래하는 원인을 제공하기도 했다. 최근 한국에서 일어난 신용카드 사태도 위험관리에 소홀했던 카드사와 은행에서 비롯된 것이다. 하지만 정부의 카드사용에 대한 세액공제, 신용불량자 사면 등이 아니었다면 문제가 현재처럼 확대되지 않았을 것이다.

그렇기에 최근 기업지배구조로 발생한 사건들에 대응하기 위해서는, 시장이 제 역할을 하도록 시장체제를 강화해야 한다. 물론 엄격한 법을 제정하거나 감시를 강화하는 것도 포함될 수 있다.

시장과 윤리 사이의 관계를 다르게 보는 관점도 있다. 시장은 엄격한 윤리관을 가진 사회에서 제 기능을 더 잘, 그리고 더 효율적으로 한다. 시장 참여자들이 서로의 정직성과 성실성, 그리고 공평성을 신뢰하지 못한다면 시장거래는 과다한 비용을 초래하고 유연성을 상실하여 상호이익이 되는 거래가 일어나지 않을지도 모른다. 이것은 투자수익을 감소시킬 것이고, 이에 따라 공공복지도 후퇴할 것이다. 시장참여자는 기업을 비롯해 관리자, 소유자, 고용인, 노동조합, 그리고 정부와 규제자들을 모두 포함한다.

그러나 개인의 자유를 어느 정도 억제하지 않고서는, 사회나 개인의 윤리와 도덕성을 향상시킬 수 있는 현실적인 방법이 없어 보인다. 물론 어느 누구도 비민주적이거나 권위주의적인 방법을 보급시키기를 원하지 않는다. 덧붙이면 과거 공산주의국가들이 보여준 것처럼, 권위주의적 체제는 사회의 윤리와 도덕성을 강화하고 보호하기보다 파괴하는 성향이 강했다. 결국 남아 있는 희망은 시장이다. 도덕성과 윤리기준을 포함한 제도적 구조 덕에 어떤 사회가 성공을 거두었다면, 결국 다른 사회도 그 같은 구조를 받아들이거나 더 나은 대체재를 찾아 나설 것이다.

2003-06-13

부동산, 안전자산 아니다

부동산 소유욕은 국적을 막론하고 누구에게나 존재한다. 세계가 직면한 여러 불확실성 때문인지 "'나의 집은 곧 나의 성이다'라는 말이 아직 그 의미를 잃지 않은 듯하다. 만약 그 성이 나의 소유라면 더할 나위 없이 좋을 것이다. 그러나 경제학자들은 이러한 해석이 진정한 경제원리와 괴리된 감상이라고 간주한다.

주택 구매자에게 주어지는 세금혜택이나 정부보조금 때문에, 부동산은 여러 나라에서 독특한 투자대상으로 간주된다. 또한 부동산 투자에는 자금조달이 쉬워 레버리지(지렛대 효과)를 통해 개인투자자들은 수익률을 높일 수 있다.

많은 사람들이 부동산을 기본적으로 주식이나 채권과 다른 투자대상으로 여긴다. 즉 건물이 헐리더라도 그 땅은 계속 남아 있을 것이고, 투자할 수 있는 땅은 물리적으로 제한돼 있다. 이와 반대로 세계 굴지의 기업에 주식투자하더라도 결국 종이자산에 투자하는 셈이다. 게다가 대기업의 성공이 몇 년 안에 바뀔지 모르고 심지어 조작이 있을 수도 있다. 이 같은 관점에서 보면 부동산이야말로 가장 안전한 자산이 다. 부동산에는 다양한 믿음이 존재한다. 일본은 부동산가격 폭등기에도 버블을 정당화하는 나름대로의 논리가 있었다. 가용면적의 희소성, 경제의 급격한 성장, 투자 가능한 막대한 부와 예금 등으로 수년 동안 일본 시장은 매우 높은 수준에 도달할 수도 있었다. 그러나 집값이 60% 이상 떨어지는 폭락을 면치 못했다.

한국의 부동산가격도 일본과 유사한 이유로 상승세에 있다. 한반도의 대부분이 산지인 점을 고려한다면 한국의 가용면적은 일본보다 적다. 게다가 인구의 45%, 산업의 55%가 서울에 집중되어 있다. 좋은 대학들도 서울에 밀집해 있고, 서울 내에서도 이른바 잘 나간다는 교육기관들은 강남에 자리한다. 교육은 유교생활권인 한국가정이 가장 중요하게 생각하는 요소다. 이 모든 것과 함께 새롭고 더 나은 생활공간에 대한 수요가 부동산 값이 오를 수밖에 없다는 것을 시사한다. 그러나 이러한 직관은 경제원리에 반한다.

주식·채권·부동산 어떤 것이든 자산가치는 그 자산이 창출하는 미래 수익의 흐름에 따라 결정된다. 강남의 아파트 최고가는 평당 2,000만 원을 넘었지만 아파트 전세보증금은 가격의 50% 이하다. 단순계산으로 국공채 3년 수익률이 4%일 때, 아파트 구입자의 연간 수익은 감가상각 전 기준 2%다. 부동산 담보대출 이자율이 6~7%인 점을 고려한다면, 현재의 전·월

세 수익으로는 자금조달 비용에 충분하지 못하다. 따라서 부동산에 투자함으로써 수익을 내기 위해서는 가격이 크게 올라야한다. 2%의 수익률은 가격수익비율(PER)로 50배를 의미한다. 주식시장에서는 몇 년 안에 3~4배의 수익을 내리라 예상되는 기업이 아니면 이처럼 높은 PER 형성은 불가능하다. 필자는 강남 지역의 임대료가 3~5년 내에 두 배 또는 세 배가 될 거라고 생각하지 않는다.

오로지 가격의 지속적인 상승을 전제로 투자가 몰리는 현상은 거품이 형성되고 있다는 명백한 징후다. 이런 때일수록 합리적인 수익률 계산이 중요하다. 지난 몇 년 동안 가격이 얼마나 올랐느냐 또는 주택보급률이 얼마나 높아졌는지의 여부는 중요하지 않다. 장기적 가격 증가율이 높지 않더라도 현재 가격은 거품일 수 있다. 현재 가격은 과거 가격이 아닌 현재 수익률로 판단해야 한다. 한국 정부는 세제와 투기지역 지정 등 다양한 정책들을 통해 부동산시장의 열기를 식히고자 노력한다. 그러나 수요억제책과 함께 재건축 제한 등 공급 또한 억제해 정책 효과가 반감되는 듯하다. 전세가격이 부동산가격과 동반 상승해 왔다는 사실은 해당 지역 부동산에 대한 실수요일 수 있음을 의미하며, 따라서 공급제한은 정책 효과를 반감시킬 수 있다.

부동산 거품을 부추기는 것은 고평가된 담보에 계속적으로 대출을 허락하는 채권자들 때문일 것이다. 거품을 측정할 때는 부동산가격의 상승률뿐 아니라 부동산 담보대출 증가율도 좋은

도구가 된다. 채권자들은 결국 본인들이 그 대가를 치러야 된다
는 사실을 잊은 것처럼 보인다. 실제 과도한 부동산담보 대출이
세계금융위기의 근원이 된 바 있다.

2003-07-14

부패의 경제학

부정부패는 그 경향과 정도가 다르긴 하지만 시간과 장소를 막론하고 발생한다. 이를 좁은 도덕적 관점에서 보자면, 부정부패는 개인의 부정행위의 결과로서 나타난다. 뇌물을 주고받는 것은 비윤리적이며, 이에 관계된 사람은 멸시와 징계를 받아야 마땅하다.

하지만 윤리규범을 강조하거나, 가혹한 처벌로 위협하는 식의 접근법으로 부패를 뿌리 뽑으려는 시도는 큰 성공을 거두지 못하고 있다. 부패는 단순히 개인윤리의 문제가 아니라, 문화 및 경제원리와 깊은 관계가 있기 때문이다.

역사적으로 볼 때에도, 유럽 내에서 부정부패는 북부 지방보다 남부 지방에서 더 빈번하게 일어나는 듯하다. 그렇다고 북부 유럽인들이 더 윤리적이라고는 할 수 없다. 사회학적 설명에 따르면 북부는 개신교, 그리고 남부는 천주교의 영향을 많이 받았기 때문이라고 한다.

개신교가 '죄를 멀리하는 것은 개인의 책임' 임을 강조할 때,

천주교는 '세상은 죄로 가득하며, 모든 인간은 죄인이기에 교회에서 죄를 고하여 자유를 얻어야 한다'고 주장한다. 천주교는 인간의 나약함을 더 받아들임으로써, 개인과 부정부패 같은 죄악된 행위 사이의 벽을 낮추어주었다.

이러한 분석은 지나치게 이론적이고 과장된 것처럼 보일 수 있다. 그리고 물론 유럽의 남부와 북부의 차이에는 여러 다른 이유도 있을 것이다. 하지만 유럽 외의 지역에서도 문화가 부정부패에 영향을 미치는 증거들을 찾을 수 있다. 강한 유교 전통을 가진 나라들도 부패 경향이 있는 듯하다.

사회학자들의 설명에 따르면, 유교는 가족 사이의 유대관계와 인간관계를 중요시한다고 한다. 개인의 의무와 충성은 유교 사회에서 매우 중요하게 여겨진다. 이러한 가치들은 행동을 결정하는 법과 규범들보다 더 중요시되기에, 부정부패를 가져오기 쉽다. 즉 친척이나 지인이 그들의 부채로 인해 어려움에 처해 있다면 도움을 주는 것이 행동강령이나 규제, 심지어 법보다 더 중요하다. 그러면 부패의 경제학은 어떠한가? 모든 나라에서 부정부패는 불법이며, 정부의 반부패 노력에 따라 처벌을 받게 마련이다. 뇌물을 주거나 받는 사람은 이성적 의사결정자로서 뇌물로 인한 이익을 발각의 위험 및 처벌의 비용과 비교하게 된다. 이익이 크고 인지된 위험이 낮다면 분명히 더 많은 부정부패가 일어날 것이다.

그러나 아무리 처벌을 강화하더라도 부정부패 문제가 완벽하게 해결되지는 않을 것이다. 사형제도가 있는 나라의 살인율이

사형제도가 없는 나라와 그리 큰 차이가 나지 않는다. 결국 범죄를 저질러 얻게 되는 이득을 줄이는 방법이 더 효과적일 것이다.

공공분야의 부정부패만 보자면, 정부나 행정부가 강할수록 뇌물을 주고받을 확률이 더 크다. 모호한 법과 규제를 해석하는 권리가 크고, 사조직에 고수익의 공공 프로젝트를 임의로 일임하며, 그리고 규제를 가하고, 엄격한 조사를 결정하는 권리마저 관료의 재량권에 달려 있을수록 사람들은 뇌물 수수의 유혹을 많이 받는다. 실제로 이것은 도덕성 이전에 순수한 경제적 결정의 문제라고 할 수 있다.

하지만 반대로 공무원이 법을 제대로 준수하고, 법도 구체적이며, 부당한 일을 겪은 사람들이 법에 따라 정당한 결과를 되찾을 수 있게 된다면, 부정부패의 자리는 점점 축소돼 설 자리를 잃게 될 것이다.

결론적으로, 부정부패는 문화와 깊은 관계를 갖는다. 따라서 쉽게 뿌리 뽑히지는 않을 것이다. 그러나 부정부패를 촉진하는 문화적 가치들은 전근대적이거나 전통사회에서부터 기인한 것이다. 근대화와 시장의 논리는 개별주의와 인척관계가 아닌 보편주의와 법의 원리를 촉진한다. 경제발전을 위해 부정부패를 도려낸다는 관점은 그리 희망적이지 않다. 역으로 근대화가 더 이루어졌거나 경제적 발전이 이미 이루어졌을 때에 부정부패가 근절될 수 있는 것이다.

2003-08-17

투자의 핵심, 분산투자

　기술과 주식시장의 거품이 사라지면서 투자자들이 더욱 신중해졌다. 그러나 대다수 투자자들은 한국의 예금금리가 4% 미만으로 하락하고, 달러화 예금금리가 1%를 밑도는 현재 저수익 환경을 받아들이는 데에 어려움을 겪는 듯하다. 두 자릿수 단위의 수익률을 기대하는 사람들도 여전히 많다. 예컨대 아직 15%대의 목표 ROE(자기자본이익률)를 발표하는 회사들이 있는가 하면, 15%가 기대에 미치지 못한다며 만족하지 못하는 투자자들도 있다.

　물론 두 자릿수 수익률이 드문 현상은 아니다. 주식시장이 19%대의 수익을 낸 적도 있고, 지난 몇 년 간 채권시장마저도 두 자리 단위의 수익을 냈다.

　유명한 가치투자가인 마크 파버는 자신의 저서 《내일의 금맥(Tomorrow's Gold)》에서 높은 투자수익 기대에 대해 간단하지만 인상적인 의견을 제시했다.

　어느 투자자가 서기 1000년도에 1달러를 연5% 이율로 투자

했다면 그의 운 좋은 후손은 현재 세계 GDP의 300만 배의 자산을 보유할 것이다. 하지만 파버는 5%의 장기 연수익조차 허황되다고 한다. 왜냐하면 부(富)는 자연재해, 전쟁, 초인플레이션, 혁명뿐만 아니라 그보다 빈도가 더 높은 회계부정이나 단순히 잘못된 투자선택에 의해 감소하기 때문이다.

물론 과거에는 세 자리 수익을 낼 수 있는 좋은 투자기회들도 있었다. 하지만 그 중 어떤 것도 오래 가지는 않았다.

회사의 평균 존속률을 보면 사람의 수명보다 오랜 기업이 몇 되지 않음을 알 수 있다. 19세기의 철도와 수로 회사들도 파산했고, 20세기의 자동차 및 라디오 회사들도 그와 같은 길을 걸었다.

얼마 전의 벤처 기업과 인터넷 회사들은 어떠했는가. 산업 전체가 사라지거나 파산하는 경우는 거의 없었지만 이익률은 곧 정상 또는 그 이하로 하락했다. 경쟁의 법칙이 지속적인 높은 수익률에 제동을 건다. 높은 투자수익을 지지하는 사람들은 고수익이 1000년 동안은 아니더라도 10~20년, 또는 5~10년 동안 지속될 거라고 한다. 하지만 이에 대한 근거는 미약하다. 역사적으로 볼 때나 기본적인 경제원칙이나 단순한 상식에서 볼 때에도 고수익은 단명하였으며 향후 수년 간의 지속성 또한 확신할 수는 없다. 마크 파버는 투자자들에게 다음과 같이 말한다. "저평가된 주식을 적기에 사들이는 것이 고평가된 주식을 신속하게 매도하는 것만큼 중요하다."

직관적으로 옳은 것처럼 들린다. 하지만 굉장한 투자 기회를 포착하기 위한 시도들은 여러 투자자들을 위기로 이끌 수 있고,

그 위기는 여러 투자 마니아들과 버블을 형성할 수 있다는 것을 경고하고 싶다.

불행하게도 정확한 예견은 인간의 능력 밖에 존재하기 때문이다. 여기에서 평균적인 투자자들이 이끌어낼 수 있는 교훈은 '분산이 투자의 가장 기본적인 규칙' 이라는 것이다.

필자는 투자자들이 평균 이상의 수익률을 약속하는 사모 주식형이나 헤지펀드와 같은 대체 상품을 멀리해야 한다는 말을 하는 것이 아니다. 단지 실현가능한 수준의 수익률을 기대하라고 권한다.

대체상품들의 매력은 수익에만 있는 것이 아니라 투자의 다변화에 있다. 투자자들은 위험이 큰 만큼 수익도 큰 채권과 주식 같은 전통적인 자산을 중심으로 투자할 수도 있다. 하지만 그들의 부를 주식, 채권, 부동산, 심지어 예술품 같은 여러 종류의 자산에 분산투자해야 한다. 또한 상품뿐 아니라 지역적으로도 다변화하는 것이 바람직하다.

이전 세대와 비교할 때 현재는 금융 서비스의 발전과 금융시장의 세계화에 힘입어 방대한 분산투자가 쉽게 이루어질 수 있다. 뮤추얼펀드들은 전세계의 주식과 채권에 대한 접근을 쉽게 했으며, 심지어 해외의 헤지펀드나 부동산에도 분산투자할 수 있는 길이 열려 있다. 이것은 규모가 큰 회사나 부유한 개인뿐 아니라 모든 사람에게 해당한다.

2003-09-22

위험과 안전에 대한 대가

개발도상국들은 경제개발을 위해 흔히 선진국을 지표로 삼는다. 이는 국제적인 분위기가 기업구조 및 경쟁시장정책 등 다양한 분야에 대해 선진국의 기준을 강요하기 때문이기도 하고, 때때로 개발도상국이 자국의 경제개발 및 정책을 정당화하기 위해 자발적으로 선진국을 목표로 삼기 때문이다. 한국의 가계대출이 급격하게 증가했을 때에도, 몇몇은 이를 적신호라고 경고했지만 여러 분석가들은 "한국은 아직 미국과 같은 선진 경제의 가계부채율보다 낮거나 적어도 높지 않다"며 그와 같은 우려를 일축했다.

경험적으로 우리는 후자와 같은 관측이 부적절했음을 알 수 있다. 한국 가계대출률의 급격한 증가는, 그 비율이 선진국의 GDP 대비 가계대출률에 갓 도달했음에도 불구하고 경제 전체에 심각한 문제를 야기하고 있기 때문이다.

최근 IMF에서 발행한 〈신흥시장에서의 공공채무〉라는 보고서는 신흥경제와 성숙경제의 경제지표를 직접적으로 비교하는 데에는 문제가 있음을 시사한다.

지난 몇 년 사이 신흥시장의 공공채무는 증가일로에 있고 그 비율은 선진국보다 높아지기 시작했다.

2002년 선진국들이 GDP 대비 65% 수준의 공공채무를 보였을 때 신흥경제국들은 평균 71%를 나타냈다.

과거 신흥경제국들은 선진국들보다 낮은 공공채무율을 기록했었다. 그리고 한국과 같은 신흥개발국들은 그보다 훨씬 적은 공공채무율을 유지하고 있다. 그럼에도 불구하고 여러 신흥시장이 채무위기를 맞은 반면, 제2차 세계대전 이후 어떤 선진국도 공공채무에 의해 채무불이행을 선포하지 않았다.

앞의 보고서는 개발도상국의 지속가능한 평균 부채율이 선진국의 평균 부채율보다 낮다는 점을 설득력 있게 주장한다. 개발도상국들의 과세제도는 선진국의 제도보다 비효율적이고 정부수입 대비 공공채무율은 비슷한 부채량이라 하더라도 GDP와 대비하면 선진국보다 훨씬 높다. 선진국의 정부수입이 높은 GDP와 금리, 그리고 환율변동에 따라 달라지지만, 신흥경제국들은 수입이나 수출과 관련해 원자재 가격에 크게 의존하기 때문이다.

엔론이나 월드컴 등과 같이 규모가 큰 기업들의 부도가 미국 금융 시스템의 안정성에 큰 영향을 미치지 않았던 반면, 아시아 금융위기 당시 몇몇 재벌의 해체는 한국금융 시스템의 지불능력조차 위협했다. 호황기에는 신흥경제국과 선진국의 부채비율을 계속해서 비교하는 것이 가능할지 모른다. 하지만 상황이 악화된다면 같은 부채비율이더라도 신흥경제국들은 쉽게 위기에 처할 수 있다.

IMF 보고서의 저자들은 과거 재정실적을 근거로 일반 신흥경제의 지속가능한 부채비율은 자국 GDP의 25%라고 주장한다. 물론 이와 같은 결론에 대해 신흥경제국들이 선진국을 빨리 따라잡기 위해 더 모험적인 전략을 사용해야 한다는 의견이 있을 것이다.

각 나라가 어떤 개발전략을 선택할지는 결국 해당 국민의 리스크 수용도에 따라 달라질 것이다. 물론 리스크가 높을수록 대가도 높아진다. 자본시장은 리스크가 큰 국가에 대해 분명히 높은 금리를 요구할 것이다.

견고한 재정정책이 성장을 저해하기보다는 높여왔다는 경험적 증거도 있다. 적어도 GDP의 35~40%를 초과하는 공공부채는 경제성장에 부정적인 영향을 미쳐왔다.

아시아국들이 고의로 높은 환율을 유지하기 위해 많은 외화를 보유하고 있다는 주장이 있다.

어떤 이들은 신흥경제국들이 겪은 금융위기와 높은 변동성 때문에 이와 같이 높은 외환보유고가 불가피하며, 이는 위기상황의 재발을 피할 수 있는 완충제가 될 수 있다고 주장한다. 한국과 같이 국내 금리가 달러 금리보다 높을 때에는 높은 외환보유고가 오히려 손해일 수 있다는 주장도 있다. 이러한 주장에 대해 안전성 확보에는 그에 상응하는 대가가 있다는 말로 대응할 수 있다. 외환보유고에 의한 금리손실은 안전에 대한 일종의 보험 프리미엄이라고 생각하는 것이 좋다. 안전성을 높이는 것이 국가 위험과 금융비용을 줄인다는 사실을 잊지 말아야 할 것이다.

2003-10-27

가장 우수한 경제체제는?

　제2차 세계대전 이후에도 몇몇 저명한 경제학자들은 중앙통제식 계획경제체제가 자유시장체제보다 우수하다고 주장했다. 자유시장경제는 경쟁사 간 중복되는 투자로 비용이 증가하며, 특유의 변동성 때문에 효율성이 떨어진다는 이유에서였다. 하지만 고립된 계획경제체제의 결과 소련과 동유럽이 붕괴된 이후 이러한 주장에 동의하는 경제학자는 더 이상 찾아보기 어렵다.

　미국의 자유시장체제 또는 자유방임주의, 게다가 확장된 사회보장제도와 노동시장에 특별한 규제를 가미한 유럽국들의 사회시장제도를 보더라도 시장경제는 그 내부에 차이가 있다. 신흥경제국에서도 정부개입 정도에 따라 유형이 구분될 수 있다. 예를 들어 홍콩의 경제정책은 산업정책에 직접 관여하지 않으면서 제도적 틀을 제공하는 데에 집중하지만, 한국경제는 정부 주도에 따라 계획되고 진행되는 모습을 갖고 있다. 비록 두 나라의 경제정책이 다르지만 두 방법 모두 성공적이라는 사실을 알 수 있다.

미국과 유럽을 비교하면 독일, 프랑스 같은 유럽의 주요 국가는 경직된 노동·상품시장 때문에 문제에 직면해 있다. 특히 독일은 '유럽의 환자'라는 별명을 갖고 있다. 하지만 미국경제는 높은 성장률로 불황을 헤쳐나오는 것으로 보인다. 그러나 다시 한번 생각해 본다면 이 상황은 달리 해석될 수 있다. 유럽이 성장을 되살리려고 발버둥치고 있지만 아직 경제의 붕괴단계에 이르렀다고는 할 수 없다. 독일은 매우 경직된 노동시장과 높은 노동비용을 가지고 있지만 많은 독일제 상품이 세계 시장에서 잘 팔린다. 심지어 독일은 최근 미국이 차지했던 최대 수출국 자리에 오르기도 했다. 전체적으로 볼 때에도 미국의 가계가 높은 수치의 적자를 기록할 때, 유로 지역은 높은 흑자를 기록했다. 2003년 미국의 재정적자는 유럽 평균의 두 배가 될 전망이다.

역사적으로 볼 때 어떤 체제가 더 우수한지를 판단하는 데는 상당한 시일이 소요된다. 가끔 체제라는 것은 큰 문제가 발생하기 직전에 가장 우수해 보일 때가 있다. 1970년대와 1980년대에는 일본이 세계경제를 제패할지도 모른다는 두려움이 유럽과 미국에 만연해 있었다. 하지만 일본경제는 곧 침체의 늪에 빠져 무려 10여 년 동안 불황에서 헤어나지 못했다. 미국도 유사하다. 엔론이나 월드컴 사건이 터진 이후 주식시장과 경제가 하락하기 직전에는 유연한 자본시장과 기업 투명성 및 주주 우대의 이상적 모델로 여겨지기도 했었다.

　각 국가별 여론, 인구, 산업과 금융구조의 차이도 최적의 정책 선택을 어렵게 만든다. 미국처럼 유연한 노동시장을 가진 자유시장체제는 분명히 경제적으로 유리한 면을 갖추고 있다.

　미국 시민들은 이 체제에 익숙해 있으며, 개인의 자유 및 책임을 중시하는 사회에서 꼭 필요한 부분이라고 여긴다. 그러나 다른 역사와 정서를 가진 유럽에서는 고용 및 해고 정책의 변화가 쉽게 수용되지 못한다. 최악의 경우 심각한 정치적 불안을 초래할 수 있다. 유럽 사람들은 이미 사회복지와 고용보장법에 익숙해 있다. 따라서 인구고령화로 더 이상 사회복지를 지속할 수 없는 지경에 이르러서도 복지를 삭감하는 정책을 수립하는 데에는 많은 저항이 뒤따를 것이다.

　장기적으로 어떤 경제체제가 가장 적절한지 예측할 수는 없지만, 아직 사회 및 노동시장체제가 정립되지 않은 신흥국에선 다음과 같은 교훈을 얻을 수 있을 것이다.

　"시장이 유연할수록 더 효율적인 반면에 시장, 특히 노동시장의 유연성은 쉽게 훼손되며 회복하는 데에도 오랜 시간이 걸린다."

　형평성 문제도 대두된다. 노동시장의 규제는 단기적으로 근로자를 보호할 수는 있지만, 이는 실업자와 젊은이들의 희생이라는 대가가 뒤따른다.

　이처럼 너무 관대한 사회제도도 후대에게 큰 부담을 남길 것이다. 부모로서 훗날 자녀들이 지불할 대가로 자신들의 인생을 즐기려고 한다면 마음이 편하겠는가. 사회적 측면에서 볼 때,

높은 정부부채와 지속 불가능한 연금체제를 지속하려는 태도는 후세에 무거운 짐을 물려주는 것과 같다. 자녀들이 물려받을 환경오염은 말할 것도 없다.

2003-12-01

구조조정 촉진하는 사모펀드

사모주식펀드는 흔히 주식을 저가에 매수해 단기차익을 노리는 투기자금으로 알려져 있다. 재무위기에 처한 기업의 자산 매매에 특화된 사모펀드는 흔히 '벌처펀드(vulture fund)'라고 불리기도 한다.

마치 악의 무리가 단합해 일을 벌이는 것처럼 들린다. 그러나 사모펀드는 경제적으로 중요한 역할을 한다. 더욱이 영리추구는 자유시장체제의 핵심이고, 높은 수익은 높은 위험에 대한 보상이다.

기술혁신 상품·자본시장의 세계화는 구조변화를 가속시키고 있다. 기업은 물론 경제 전반도 경쟁 환경에서 생존하기 위해 구조조정을 할 수밖에 없다.

그러나 일반이 참여하는 자본시장에서는 주식·채권 등의 소유권이 분산돼 있어 기업들이 극한 변화를 추구하는 데 한계가 있다. 회사가 구조개선을 요하거나 파산상태라면 더욱 그렇다. 이런 경우 산업에 대한 노하우보다 위기관리나 구조개선운영의 전문성이 더 중요하다.

즉 경영권을 장악해 필요한 조치를 적극적으로 추진할 줄 아는 투자자가 필요하다. 이러한 배경에서 사모펀드는 위기에 처한 기업의 유일한 자금원이 된다.

사모주식은 증권시장에서 주요 보완적 역할을 수행한다. 기업들은 보통 창업·확장·성숙의 성장 사이클을 거치는데 각 단계마다 자금조달방법이나 기업지배구조가 다르다. 창업 단계에서는 사모주식시장의 한 부분인 벤처캐피털의 지원을 받는 개인 소유가 전형적인 지배구조다. 확장기와 성숙 단계의 기업에는 증권시장이 유용하다. 성숙기업은 구조조정과 파산을 계기로 다시 출발하게 되는데 사모펀드는 이 과정에서 기업들이 비핵심사업을 분할매각할 때, 그것을 사들이는 구매자로서도 주요 역할을 한다.

이처럼 사모펀드는 구조변화를 촉진하는 역할을 하며, 기업들로 하여금 핵심역량에 집중할 수 있도록 한다. 사업 분할은 기존 경영진의 인수(management buyout) 형태로 이루어질 수도 있다.

이 경우 주요 경영진들은 산업 노하우를 확보하기 위해 유지하지만 피고용자가 아닌 소유자로서 보상받게 된다. 기업인수시장이 발달된 영국에서는 사모주식으로 자금을 조달한 기업들의 근로자 수가 전체 민간 부문 근로자의 18%를 차지한다.

2000년 이후, 세계적으로 10억 달러 이상의 사모주식 거래가 65건 이상 이루어졌다. 2002년 사모주식펀드 시장의 규모는 1,020억 달러에 달했다. 이 규모는 2000년의 절반 수준이지만, 사모주식산업의 중요성과 규모를 잘 보여준다.

대부분의 사모주식회사들은 글로벌 운영을 한다. 따라서 외환위기 이후 아시아국들이 겪었던 것처럼 경제 전반에 걸쳐 구조조정을 단행해야 한다면, 상당수 기업이 외국계 소유가 될 것이다. 한국의 경우 은행 자산 중 30%가 외국계 소유다.

높은 수치처럼 보이지만, 많은 사람들이 생각하는 것만큼 소유권의 국적은 그리 큰 문젯거리가 되지 않는다. 오히려 수구세력의 저항에 덜 민감한 외국계의 소유로 인해 구조조정이 더 적극적으로 이루어질 수 있다. 게다가 외국계는 다른 경쟁체제에 대처할 수 있도록 국내소유 기업들의 변화를 빠르게 유도할 수 있다.

당연히 국내 기업은 외국 기업과의 경쟁을 선호하지 않는다. 그러나 경쟁이 고객들에게 더 낮고 효율적인 서비스를 제공한다는 측면에서 매우 유익한 면을 가지고 있다. 여러 나라에서 볼 수 있듯이, 세계경쟁에 노출돼 있는 수출 산업이 경쟁으로부터 보호되고 있는 내수 부문보다 더 효율적이라는 사실을 알 수 있다.

다른 나라의 은행들은 한국보다 더 높은 외국인 지분율을 가지고 있다. 슬로바키아 · 헝가리 · 체코 같은 동유럽 국가들에서는 그 비중이 80%를 상회하기도 한다. 영국과 같은 성숙경제에서도 은행자산의 45% 이상을 외국계가 소유한다. 미국은 이

보다 적지만 그래도 19%가량 된다. 한국에서도 금융업에 투자
하는 사모주식펀드는 결과적으로 전략적 투자가들의 한국 금융
업 진출을 쉽게 만든다. 이렇듯 사모주식펀드는 기업의 과도기
에 상당히 중요한 역할을 한다.

2004-01-16

장기 자금시장이 발전하려면

최근 들어 한국 금융 부문에 외국인 비중이 너무 높다는 우려를 종종 듣는다. 물론 은행의 외국인 소유비중이 한국보다 낮은 나라도 있지만, 경제 규모가 크고 성숙한 나라 중에 외국인 비중이 한국보다 훨씬 높은 나라도 있다.

이론적으로 회사 소유권의 국적 논란은 적절하지 못하다. 자본이 제대로 쓰이기만 한다면 외국자본은 국내자본만큼 유익하다. 현실적으로도 외국자본은 기득권과의 결탁 가능성이 적어 경제에 순기능을 할 수 있다. 결탁은 자본의 효율적 배분을 어렵게 하고, 때때로 경제성장을 억제하는 결과를 초래하기도 한다. 외국인 자본은 특성상 국내의 사회 또는 정치적 압력으로부터 자유로워 독립성을 유지할 수 있다. 게다가 외국인 투자자들은 금융 산업의 결정적 성공요인인 리스크 평가 및 관리 방법 등 새로운 기법들을 소개할 수 있다. 인간은 오래된 관행에 익숙해지면 타성에 젖어 내재돼 있는 리스크를 과소평가하는 경향이 있다.

　기득권의 이익을 견제하는 것은 경제성장에 매우 긍정적인 효과를 가져다줄 수 있다. 미국의 경제학자 맨커 올슨(Mancur Olson)은 제2차 세계대전 직후 초기 10여 년 동안 독일과 일본이 눈에 띄는 경제발전을 이룰 수 있었던 주요 원인으로, 전쟁의 패배가 오랫동안 굳게 단합했던 이익집단들의 해체를 가져왔으며, 이는 시장의 힘을 자유롭게 했기 때문이라고 설명했다.

　금융기관의 외국인 소유권이 논란거리가 되는 또 다른 이유는 외국인 소유의 금융기관이 기업대출에 대해 엄격한 경향을 갖기 때문이다. 이러한 경향이 커진다면 한국 기업들은 기업 활동을 뒷받침할 자금조달에 어려움을 겪을 것이고, 이는 낮은 성장률과 낮은 고용으로 이어진다는 주장이다. 이는 논리적으로 들리기는 하지만 문제의 실체를 흐리는 주장이다.

　투명하고 건전한 기업이라면 자금조달 가능성을 충분히 찾을 수 있고, 이익최대화를 추구하는 은행이라면 은행 소유가 국내인이든 외국인이든 투명 건전기업에 대출을 거절하지 않을 것이다. 실제로 여러 외국계 은행들이 한국의 우량기업들과 많은 거래를 하고 있다. 가장 큰 문제는 기업의 재무투명성과 건전성의 부재로 기업대출사업이 때때로 예측하기 힘든 리스크를 포함한다는 점이다. 전체 은행 시스템이 이러한 리스크를 인식하고 있는 것 같다. 대출만기가 대부분 1~3년이란 사실이 이를 증명해 준다.

이러한 상황이라면 국내은행이더라도 10년만기 기업대출을 감행하기 어려울 것이다. 단기대출은 연속적인 회전을 요구하며, 이는 기업자금뿐 아니라 금융 시스템의 불안정으로 쉽게 이어질 수 있다. 최근의 LG카드가 대표적인 예다. LG카드가 10년만기 대출을 받거나 채권을 발행할 수만 있었어도, 스스로 문제를 풀어갈 수 있는 시간적 여유를 확보했을 것이다.

세계 각 나라가 공통적으로 우려하는 것이긴 하지만, 정부는 금융 부문이 누구의 소유냐에 크게 연연하지 않는 것이 바람직하다. 오히려 정부는 장기 기업대출과 채권시장의 기능을 원활하게 돕는 회계 및 기업구조기준을 제정하고 이를 집행해야 한다. 즉 효율적인 파산 및 공매처분 과정과 그 과정을 제대로 집행할 수 있는 집행기관을 필요로 한다. 신뢰할 수 있고 객관적인 평가회사도 필요하다. 물론 기본적으로 기업들은 구체적이고 신뢰할 만한 정보를 채권자와 투자자들에게 제공해야 한다.

이러한 면에서 한국 정부와 기업은 이미 많은 진척을 보이고 있다. 앞으로도 노력이 계속된다면, 유동적이고 효율적인 장기 회사채 시장 형성의 기틀이 마련될 것이다. 장기 신용 및 채권 시장은 기업 부문뿐 아니라 보험회사와 연금기금에도 장기부채에 대한 매칭(matching) 수단을 제공한다는 점에서 중요하다. 이러한 매칭 없이는 연금 및 보험 부문도 체계적 위험에 맞닥뜨릴 수 있다.

경영의 투명성과 기업지배구조의 문제해결만이 장기적 해법이다. 채권자의 희생을 대가로 채무자에게 관용을 베풀어 문제 해결을 뒤로 미루거나 정부가 시장에 개입함으로써 문제를 가리려고 한다면, 이는 후일 더 큰 문제로 이어질 것이다.

2004-02-16

금융지주회사 성공하려면

지주회사는 두 가지 이유로 한국 내에서 중요한 의의를 갖는다.

우선 재벌들은 소유구조의 투명성을 높일 수 있고, 둘째 금융지주회사는 은행, 증권, 자산운용회사와 보험 등 여러 금융서비스를 한지붕 아래 엮음으로써 고객들에게 포괄적 서비스를 제공할 수 있다.

전통적으로 경제이론은 지주회사 같은 기업구조보다는 시장원리에 초점을 두었다. 미국의 저명한 신제도주의자 올리버 윌리엄슨은 지주회사에 대해 진지하게 연구한 몇 안 되는 경제학자 가운데 한 사람이다. 그는 지주회사의 주요 기능을 그룹 계열사 간의 자본 배분이라고 생각했다. 자본의 배분은 보통 자본시장이 하지만 윌리엄슨은 지주회사를 내부 자본시장으로 여겼다. 윌리엄슨은 그 이유에 대해 "지주회사는 자본시장에 비해 결정적으로 유리한 점을 갖고 있다"고 말한다. 지주회사는 계열사의 내부 정보에 대한 접근성이 용이하며, 계열사에 관한 권한도 가지고 있다. 극단적인 예이지만, 필요하다면 계열사 경영진을 해임하는 등과 같은 방법으로 지주회사는 일반 주식시장보다 자본을 더욱 효율적으로 사용할 수 있다는 것이다.

주식시장의 문제점은 소유권이 분산돼 있다는 것이다. 소액주주들은 겨우 몇 푼의 수익을 더 얻기 위해 투표권 행사에 따르는 번거로움을 감내하길 원하지 않을 것이다. 따라서 개인 주주는 경영진에 대해 소극적인 태도를 보이며, 다른 주주들이 대신 조정해 주기를 바랄 뿐이다. 모든 주주가 이처럼 생각한다면 아무런 변화도 일어나지 않을 것이다.

이 같이 무임승차의 문제는 주식시장이 경영자를 통제하는 데에 얼마나 비효율적인지를 나타낸다. 윌리엄슨의 논리는 설득력이 있어 보이지만 중요한 부분을 간과하고 있는 것 같다. 물론 지주회사가 자본시장보다 계열사를 더 효율적으로 관리할 수도 있다는 사실에는 동의한다. 하지만 지주회사가 지주회사 자신의 이익이나 특정 주주의 이익이 아닌 전체 주주들의 이익을 위해 주주권을 발휘할 것을 어느 누가 확신할 수 있겠는가. 윌리엄슨의 이론은 이 핵심적인 질문에 대해 언급하지 않는다. 물론 지주회사는 과거 재벌구조에 비해 소유권의 투명성 증대 및 자회사 주주들의 권리보호 면에서 개선됐다고 볼 수 있다. 그러나 지주회사는 만병통치약이 아니며, 문어발식 기업확장이 초래하는 문제점은 여전히 존재한다. 삼성이나

GE처럼 성공적인 복합기업의 예도 있지만, 이들은 예외라고 보아야 할 것이다.

그렇다면 금융지주회사는 어떠한가? 금융지주회사는 금융서비스에 중점을 두기 때문에, 문어발식 확장의 문제가 없어 보인다. 그러나 소매금융, 기업금융, 증권업, 생명보험, 손해보험과 자산운용업 등 각각의 금융 서비스를 서로 유사한 업종으로 보아야 하는지, 아니면 엄격히 구별해서 봐야 하는지에 대한 문제는 아직 존재한다. 세계 굴지의 금융기관들은 대부분 특정업종에 특화돼 있다. AIG, 알리안츠, AXA와 같은 글로벌 보험사들은 여전히 보험업을 주업으로 하고 있다. 또한 골드만 삭스, 모건 스탠리, 메릴린치와 같은 세계적인 투자은행들은 기업금융 및 증권업에 특화돼 있다. 그렇다고 포괄적인 금융 서비스를 제공하는 기업의 개념이 잘못되었음을 의미하지는 않는다. 일례로 세계적인 규모를 갖춘 대부분의 자산운용사들은 은행이나 보험업을 모체로 하는 금융그룹의 자회사인 경우가 많다.

그러나 금융지주회사가 반드시 성공을 보장하는 것은 아니다. 각 기업은 고객의 선호도를 포함해서 관련 시장의 특성을 신중하게 평가해야 하며, 자사의 핵심능력이 금융상품 판매에 있는지, 운용에 있는지 등을 파악해야 한다. 포괄적인 금융 서비스를 제공하는 기업들은 흔히 '금융 슈퍼마켓'이라고 불린다. 하지만 백화점과 같은 전형적인 소매업들은 상품을 생산하지 못한다. 금융지주회사의 모체가 은행이라면, 은행들의 입장에서는 보험이나 자산운용과 같은 비은행상품을 전문적으로 생산하는 회사들과 합작법인을 설립하는 것도 하나의 해결책일 것이다.

2004-03-19

의도하지 않은 결과의 법칙

"경제주체가 각자의 이익을 추구한다 하더라도 시장원리는 결국 복지를 극대화한다."

애덤 스미스의 유명한 이론인 '보이지 않는 손'의 원리다.

예를 들어 기업주들은 발달된 시설을 도입하거나 작업공정을 능률적으로 바꿔 노동 생산성을 늘리고, 자신의 이익을 극대화하려고 노력한다. 이로 인해 일시적인 실업이 생길 수 있으나 결국엔 높은 경제성장률과 더 나은 급여를 제공하는 많은 일자리가 창출된다. 근로자, 고용주, 사회 모두가 이익을 얻게 되는 것이다. 지난 3세기 간 이어져온 산업화와 과거 경제사에서 그 증거를 쉽사리 찾을 수 있다.

그러나 대부분의 정부, 심지어 경제학자들까지도 이 간단한 사실을 신뢰하기를 꺼려 한다. 대부분이 좋은 의도로 시장체제를 개선하려 하지만 때로 보호하려 했던 약자와 빈곤층의 이해를 오히려 손상시키는 결과를 가져오곤 한다. 바로 '의도하지 않은 결과의 법칙'이다. 애덤 스미스에 따르면, 시장은 도덕성의 결여나 탐욕을 놀라울 만큼 선한 결과로 바꿔놓는 힘이 있다.

불행히도 그 반대의 경우도 있다. 선한 의도가 오히려 나쁜 결과를 초래하기도 한다. 노동법의 예를 보자. "노동자들은 특별한 보호를 필요로 한다"라는 말은 직관적으로 옳은 것처럼 들린다. 거대한 기업에 비해 노동자들은 상대적으로 약한 위치에 있으며, 가족의 생활이 근로자의 급여에 의지하고 있는 경우가 많기 때문이다.

따라서 노동법은 해고에 대해 엄격한 규제를 한다. 해고가 사실상 불가능한 나라도 많다. 그 결과는 어떠한가? 기업들은 고용에 대해 매우 조심스러워질 것이고, 이로 인해 많은 사람들이 실업 상태에 이른다. 특히 첫 직장을 찾는 젊은이들은 채용 기회 자체를 얻지 못한다. 아니면 기업들은 규제가 덜한 임시직을 찾을 것이다. 결과적으로 실업은 사회문제가 될 것이며, 정치인들과 노조들은 노동법을 더 엄격하게 만들거나 노동쟁의에서 직업의 안정성을 위해 맹렬하게 투쟁함으로써 현재 있는 직장을 지키기 위해 더욱 단호해질 것이다. 깨지기 힘든 악순환이 이렇게 시작된다. 이 같은 악순환은 과감한 정치인이나 노동지도자 또는 경제위기가 있어야만 깨질 것이다.

또 다른 예로 사회보장제도를 들 수 있다. 후한 공공연금이나 건강·실업 보험은 굉장한 것으로 보인다. 혜택은 많으면 많을수록 좋다는 생각에 복지국가들도 더 늘리는 추세다. 또 정치가들은 시민들에게 더 많은 복지혜택에 대한 공약을 내세움으로써 재선되고자 노력한다. 하지만 정치가들만 탓할 일이 아니다. 시민들은 누군가가 돈을 내야 한다는 것을 알면서도 정부로부터 혜택을 더 받을수록 기뻐한다. 그 누군가가 후세가 될지도 모르는데 말이다.

이로 인해 세금부담은 늘고 노동비용이 증가하며, 일할 의욕은 저하된다. 끊임없이 증가하는 복지혜택의 순환과정을 초기에 잡지 못하면, 자멸하는 구조가 되기에 충분하다. 결국 경제의 모든 구성원은 이익을 얻지 못하게 된다. 낮은 경제성장, 저조한 취업률, 그리고 낮은 수준의 사회보장제도가 초래될 것이다.

'의도하지 않은 결과의 법칙'에 대한 마지막 예로 사회 형평성을 유지하기 위한 조치를 들 수 있다. 몇몇 정부는 매우 존경할 만한 이유로 의료혜택이 부(富)의 정도에 따라 달라져서는 안 된다고 생각한다. 그러므로 편안하고 확대된 의료혜택을 제공하는 포괄적인 사설 건강보험은, 가난한 사람들이 그런 보험을 가입할 만한 여유가 없다는 이유로 허용되지 않는다. 부유한 사람들은 종종 외국의 병원에서 특별한 의료 시술을 받을 여유가 있다.

반면 사설 건강보험에 가입할 능력이 부족한 중산층은 사설 건강보험이 허락되지 않음으로써 그 혜택을 받지 못하는 '의도하지 않은 결과'가 초래된다. 실제로 사설 건강보험을 허용하는 국가보다 허용하지 않는 국가의 국민들이 더 자주 자신이 필요로 하는 진료를 받지 못하게 된다. 특소세도 이와 비슷하다. 때로 특소세는 고급품 가격을 상승시켜 덜 부유한 사람들이 구매할 수 없게 만든다. 결과적으로 특소세는 형평성을 유도하기보다는 불평등을 증가시킨다고 볼 수 있다. 특소세는 단지 많은 사람들이 그 물품을 살 수 있는 여유를 줄 뿐이다.

2004-04-19

세계경제 순풍은 끝났는가?

　제2차 세계대전 이후 세계는 과거에 상상할 수 없었던 번영을 장기간 아무런 방해를 받지 않고 누려왔다. 독일은 폐허에서 다시 태어났고 일본은 이보다 더 극적인 성장을 이루어냈다. 한국·홍콩·싱가포르·대만 등 아시아의 네 마리 용은 다른 나라들이 100년 넘게 걸린 경제성장을 몇 십 년 만에 이루어내는 전례 없는 고도성장을 보여주었다. 현재 우리는 세계경제질서를 재정립하고 있는 중국의 경제도약 한가운데에 있다.

　이 모든 경제성장은 주식시장의 현저한 상승을 동반했다. 미국 주식시장은 1950년부터 2003년까지 매년 10% 이상씩 성장해 왔다. 즉 1950년 미국 주식시장에 투자한 1만 달러는 2004년 초 그 가치가 400만 달러 이상으로 증가한 것과 같다.

　과연 미래에도 비슷한 발전을 기대할 수 있을까? 회의론자들은 당연히 그렇지 않다고 할 것이다. 그들은 전후 시기를 예외적인 경우라 여긴다. 그리고 그 힘이 이미 소진했거나 곧 소진될 것이라고 생각한다. 이들은 세계경제에서 순풍은 주로 전 세계 주요 경제의 차입(레버리지)이 대규모로 증가한 데서 기인한다고 본다. 정부부채도 증가했을 뿐만 아니라 민간 부문 부채도 확연히 늘었다.

전쟁과 대공황을 겪은 구세대들이 부채를 지기 싫어하는 반면 베이비붐 세대는 기꺼이 대출을 받는다. 금융기관도 대출사업에 매우 적극적이다. 그 결과 개인금융 부문이 크게 성장했다. 용이한 개인대출은 금융 서비스 분야를 지난 몇 십 년 동안 전체 경제성장률을 초과하는 성장산업으로 탈바꿈시켰다.

대출에 의한 소비증가는 경제성장을 부양했고 경제성장은 주식뿐 아니라, 부동산 예술품 등 기타자산의 가치상승을 가져왔다. 주가는 수익보다 훨씬 빠른 속도로 상승했다. 다시 말해 주가상승은 수익증가보다 수익이 늘 것이란 기대감에서 비롯되었다고 볼 수 있다. 그럼에도 불구하고 자산가치의 상승은 사람들로 하여금 더 부유하다고 느끼게 해주었으며 이 심리는 다시 소비와 성장을 부양하는 선순환을 가져왔다.

회의론자들은 물론 이것을 악순환으로 여길 것이다. 결국 순환은 끝날 것이고 주식시장에 긍정적이지 않을 것이기 때문이다. 미국은 자본차입에 가속도가 붙은 1920년대, 1960년대 그리고 1990년대 세 기간 동안 호재를 경험했다. 이들 시기는 지난 한 세기 중 강세장을 보인 시기이기도 하다. 만약 대출을 줄여나가야만 한다면 무엇이 다음 호재로 작용할 수 있을까? 대출감소는 대규모 구조조정을 요구하며 자산가치의 급격한 감소로 이어질 수 있다.

가계들은 과거의 평균과 비교해 보았을 때 상당히 높은 수준의 부채율을 보이고 있으며 대부분의 정부 역시 마찬가지다.

세계적인 현상인 사회의 급격한 고령화는 이 문제를 더 심각하게 만든다. S&P는 최근 보고서를 통해 연금제도와 재정을 완전히 재조정하지 않는다면 많은 나라의 GDP 대비 부채비율이 2050년에는 200%를 초과할 것이며 일본의 경우 700%를 넘을 것이라고 지적했다.

여기에서 우리는 무엇을 배울 수 있는가? 확실한 사실은 양호한 환경과 지금까지 발전이 지속될 것이라고 간단하게 단정하지 말아야 한다는 것이다. 그러나 자유시장체제의 주요 장점 가운데 하나는 변화하는 환경에 유연하게 대처할 수 있는 능력이 있다는 것이다. 세계적으로 자유시장경제의 범위는 특히 냉전이 종식된 이후 대규모로 늘어났다. 시장원리를 채택하고 세계 시장에 참여하기로 한 중국의 결정은 전세계 성장에 큰 힘을 부여했다.

중국을 제외하더라도 중국처럼 성공적인 발전 잠재력을 가진 인도 · 러시아 · 브라질 같은 거대 경제국도 존재한다. 이러한 추세가 이어진다면 큰 우려는 없을 것으로 보인다. 물론 그렇다고 경제위기 가능성을 배제할 수는 없다. 최근 자본시장이 중국경제에 대한 불확실성과 전세계 정치 및 경제에 대한 우려에 얼마나 민감하게 반응하는지 뼈저리게 경험할 수 있었다. 그러나 시장원리는 모든 어려움을 이겨냈으며, 앞으로 있

을 더 큰 도전도 거뜬히 이겨내 끊임없이 번영할 것이다. 이
처럼 낙관적인 전망은 과거 어려움을 잘 극복한 사례들에서
비롯한다.

2004-05-27

배당이 중요한 이유

2003년 배당수익률을 살펴보면 한국 주식시장(KOSPI 기준)의 경우는 1.84%이고 미국 주식시장(다우존스 기준)은 2.01%다. 이 수치는 그리 매력적으로 보이지는 않는다. 실제 많은 투자자들이 배당을 중요하게 생각지 않으며, 주가상승에 따른 차익을 주식투자의 중요한 수익원으로 여기기 때문이다. 그러나 배당의 중요성은 과소평가돼선 안 된다. 지난 50년 동안 미 주식시장 전체수익의 3분의 2가 배당과 배당의 재투자로 이뤄졌으며, 1950년대까지는 배당수익률이 국채수익률보다 높았다. 재무관련 교재들도 투자자들의 현금수입 욕구를 당연하게 생각했고 이에 따라 기업들은 수익의 상당부분을 현금배당으로 지불했다.

1960년대에 유력한 개념으로 등장한 차익거래를 중심으로 새로운 금융이론이 발전하기 시작했다. 노벨상 수상자 프랑코 모디글리아니와 머튼 ·밀러는 주식 가치를 배당정책으로 평가하는 일이 부적절하다고 증명했다. 그들의 논증은 간단하다. 투자자들이 배당을 선호함에도 불구하고 기업이 배당을 하지 않는다면 투자자들은 주식의 일부를 팔아 각자의 선호에 따라 현금흐름을 발생시켜 직접 배당할 것이다. 반대로 투자자들이 배당을 원하지 않는 가운데 기업이 배당을 지급하는 경우라면, 투자자들이 배당을 재투자해 추가로 주식을 매입할 것이다. 따라서 기업의 실제 배당정책으로 주식 가치를 평가하는 것은 부적절하다. 주식 가치는 배당지급 여부에 대한 실제 결정이 아니라 기업의 수익성과 배당지급 능력에 따라 결정되는 것이다.

물론 이 같은 평가 방법은 세금과 거래비용이 없으며 정보공유가 충분히 이뤄지는 효율적인 시장이라는 조건 하에서 적용된다. 실제 많은 나라의 세금제도는 비과세이거나 낮은 세율을 적용시키는 자본이득보다 배당을 불리하게 만들어놓았다. 상황이 이렇다면 기업 입장에선 배당을 지급하지 않는 것이 더 효율적일 것이다. 미국의 과세제도가 그래 왔으며 배당에 대한 불리한 과세제도는 최근 들어서야 완화됐다.

그러나 불리한 과세제도에도 불구하고 미국 기업은 항상 배당을 지급해 왔다. 어떻게 그렇게 할 수 있었을까? 정보공유가 효율적으로 이뤄지지 않는 세계에서 경영자들은 배당을 통해 기업의 실제 상태에 대한 정보를 알릴 수 있다. 배당의 증가는 기업의 개선된 전망을 의미하는 것이다. 만약 경영자가 지속할 수 없는 높은 배당금으로 투자자들을 속이려 한다면, 결국 그 기업은 파산에 이르게 될 것이므로 배당은 신뢰할 만한 지수다.

이 해석은 이론적이며 그럴 듯하다. 그러나 배당의 중요성에 대해 더 설득력 있는 이유가 있다. "손 안의 참새가 지붕위 비둘기보다 낫다"라는 속담이 있듯이 1달러의 가치는 기업 금고 내에 있는 것보다 주주의 수중에 있을 때 그 가치가 더 크다.

왜 그럴까? 기업이 현금을 보유하게 되면 경영진은 이를 어떻게 사용할지 결정할 수 있다. 따라서 성공적이지 못한 투자로 낭비할 수도 있으며 자회사의 손실을 보전하기 위해 이용할 수도 있다. 기업은 더욱 매력적인 투자처에 수익을 재투자함으로써 주주 가치를 높일 수 있기 때문에 높은 배당을 지급하지 않는 것이 오히려 주주들에게 더 유리하다고 주장한다.

불행한 얘기지만 역사적으로 볼 때, 기업은 자신의 투자기회를 과대평가하는 경향이 있으며 실제로 수익성 없는 과잉투자를 통해 주주의 돈을 낭비하는 사례를 볼 수 있다. 그렇다고 배당지급이 기업들의 투자기회 포기를 의미하는 건 아니다.

기업은 주주들에게 배당을 지급하면서 동시에 증자를 통해 자금을 돌려달라고 요청할 수 있다. 그렇게 함으로써 주주들은 경영진의 투자정책에 찬성하는지 여부를 결정할 수 있다. 이런 이유로 높은 배당지급률은 건전한 기업지배구조의 조건 가운데 매우 중요한 항목이다. 기업들은 이를 좋아하지 않을 듯하지만 귀기울이는 게 바람직하다. 그렇지 않다면 시장이 해당 주식 가치를 낮게 평가할 수 있기 때문이다. 미국 기업들이 수익의 반

이상을 배당금으로 지급할 때 한국의 2003년 평균 배당성향은 20%에 머물렀다. 'Korea Discount'를 제거하기 위한 필수조건 가운데 하나는 이 차이를 좁히는 것이다.

2004-06-28

전문가보다 시장을 믿자

우리는 보통 저명한 인물이나 현인으로부터 지혜가 나온다고 생각하며, 군중이 현명한 선택을 할수 있는지에 대해서는 의심한다. 19세기 스코틀랜드 저널리스트인 찰스 맥케이는 군중심리의 집단행동 사례들을 모아 《군중의 광란》이란 책을 집필했다. 하지만 최근 미국인 금융 저널리스트 제임스 슈로위키가 이와 반대되는 주장을 내놓았다.

그는 경제학자와 사회학자들의 연구결과를 토대로 엮은 저서 《군중의 지혜》를 통해 대중이 때로는 몇 명의 엘리트보다 현명할 수 있으며, 그룹 내의 가장 현명한 사람이 홀로 이뤄내는 것보다 더 나은 결과를 도출할 수 있다고 주장했다.

군중의 지혜에 대한 오래된 예로 영국의 통계학자 프랜시스 갤톤의 사례를 꼽을 수 있다. 더 나은 사회를 위해 대중보다는 소수의 엘리트가 더 중요하다고 믿었던 그는 1907년 한 농촌축제를 방문했다. 이 축제에서 800여 명이 소의 무게를 예상하는 시합에 참가했는데, 대부분 농부가 아닌 축제를 즐기기 위한 관광객들이었다. 갤톤은 모든 참가자들의 평균 예상치에 관심을 가졌다. 소의 무게에 대해 전혀 모르는 대부분의 참가자들이 예상한 결과가 실제와 얼마나 차이가 날지 궁금했기 때문이다. 놀랍게도 참가자들이 예상한 평균 무게는 실제 무게인 1,198파운드와 거의 비슷한 1,197파운드였다. 물론 소의 무게를 측정하는 것이 사회나 사업 성공에 적용되는 적절한 예로 보이지 않을 수 있다.

그렇다면 다른 사례를 살펴보자. 휴렛팩커드는 직원들이 향후 프린터 예상판매량에 대해 내기할 수 있는 내부시장을 운영했다. 그 결과 직원들의 예상이 회사의 공식적인 예상 판매량보다 더 정확할 확률이 75%였다. 한 제약회사에서도 자사 약품이 식약청의 승인을 받을 수 있는지에 대해 직원들이 회사보다 더 높은 적중률을 보였다고 한다.

그렇다면 어떻게 비조직적으로 구성된 개인 그룹이 전문가들보다 더 나은 결과를 내놓을 수 있는 것인가? 전문가 그룹은 때로 정치적인 내분의 영향을 받거나 다양성이 부족하기 때문이다. 또 전문가들은 동일한 상위 학교에 진학하고 그 안에서 많은 시간을 보내는 등 유사한 배경을 공유했기 때문에 서로 비슷한 사고를 하는 경향이 있다.

전문가 그룹보다 비전문가가 섞인 그룹이 더 나은 결과를 냈다는 실험결과가 있다. 이것은 비전문가들이 전문가들보다 항상 나은 결정을 내린다기보다 이들이 다양성을 향상시키기 때문이다. 다양성이 있는 집단의 경우 의견불일치나 옳지 않은 극단적 의견들이 최초의 안을 재고하게 하고 그 외의 대안들을 고려하게 만들어 훨씬 나은 결과를 도출한다. 예를 들어 선거 결과와 같은 경제 정치적인 이벤트에서 내기에 참가하는 비조직적 집단은 다양한 의견들을 모을 수 있다. 그리고 군중은 정보 전파에 어려움이 없으며 그 모든 정보는 이길 확률 또는 시장가격에 모두 반영돼 있다. 그러나 정부와 기업 같은 위계질서 하에서는 정보의 개방적 교류가 어렵다.

한 연구에 따르면, 기업에서 승진이 빠른 사람은 상사에게 자신의 잘못을 숨기는 경향이 있다고 한다. 이와 유사하게 정부에서 구성한 전문가 조직이 그 후원자의 의도와 전혀 다른 결과를 도출하는 일은 거의 없다.

여기서 우리는 무엇을 알 수 있는가? 복잡한 세상에서 성공하려면 분산된 지식과 다양성을 최대한 이용해야 한다. 우리는 엘리트그룹이나 시장전문가보다는 시장정보들을 신뢰해야 할 것이다.

물론 한 가지 예외는 있다. 금융시장은 때때로 집단적인 우매한 행위의 영향을 받는 경우가 있다. 그 이유는 금융시장에선 사용가능한 물품이 거래되는 게 아니라 자산을 더 높은 가격으로 되팔 수 있는 선택권이 거래되기 때문이다. 예컨대 자산 가격이 지나치게 올랐더라도 더 높은 가격으로 주식이나 부동산을 되팔 수 있다고 생각하면 매수할 수 있는 동기가 생긴다. 거품은 TV나 신발이 거래되는 실물시장에서 생기지 않으며 주식

시장이나 부동산시장에서 생긴다. 그러므로 금융시장은 군중
을 효율적인 의사결정자로 탈바꿈시켰던 긍정적인 조건들을 순
식간에 잃을 수 있는 위험을 항상 안고 있다.

2004-07-26

'투자'에는 파업이 없다

기업투자는 경제성장에 있어 중요한 요소다. 투자는 수요의 중요한 원천을 넘어 생산능력의 발전으로 이어지며 새로운 일자리를 창출할 뿐만 아니라 그만큼 추가적인 소비지출을 진작시킬 수 있다. 정부가 불황기에 기업 투자를 장려하는 이유이며 현재 국내 정부 정책에서 이 현상을 볼 수 있다. 한국경제는 가계 부문의 과소비와 지나친 대출로 침체상태에 놓여 있다. 동시에 기업투자는 원활히 이뤄지지 않고 있으며 조만간 상당 폭 개선될 가능성도 높아 보이지 않는다. 최근 대한상공회의소 조사에 따르면, 주요 기업의 64%가 향후 2년 간 설비투자를 할 계획이 없다고 답했다. 그렇다면 어떤 조치가 필요할까?

투자하지 않는 기업들을 비난하는 것은 분명 도움이 되지 않는다. 오래 전 독일에선 현 정부에 타격을 주고 정치적 이권을 얻고자 투자를 의도적으로 유보하는 '투자 파업'에 참여했다는 이유로 기업을 고발한 사례가 있다.

그러나 시장경제에서 투자 파업이란 것은 있을 수 없다. 기업들은 끊임없이 수익이 창출될 수 있는 사업기회를 찾기 때문이다. 어떠한 기업가도 정치적인 이유 때문에 의도적으로 수익성 있는 기회를 포기하지는 않는다. 기업은 단지 이윤을 추구할 수 있는 기회를 버리는 것이 아니라 시장에서의 위치가 어려워질 수 있으며, 극단적인 경우 생존마저 위협받을 수 있기 때문이다. 국내 또는 외국계 경쟁자들이 기회를 잡아 투자할 것이며 결국 시장점유율을 가져갈 것이다. 만약 기업 투자가 낮은 수준이라면 분명히 한 가지 이유가 있을 뿐이다. 기업들이 매력을 느낄 만큼의 충분한 수익기회가 없다는 것이다.

수익성이 있을 만한 투자기회의 결여는 기본적으로 두 가지 이유가 있을 수 있다.

첫번째, 과거 생산능력을 지나치게 초과하는 투자는 현재와 미래의 이익 잉여분을 낮춤으로써 투자의 필요성을 줄인다. 이것은 한국경제의 소비와 서비스 부문에도 적용될 수 있다. 대표적인 사례로 최근 과소비를 부채질한 신용카드는 상점, 식당, 성형외과, 유흥업소의 과다한 난립을 초래했으며, 거품이 걷힌 현 시점의 수요를 충족시키고도 남는 수준이 됐다. 과잉투자는 벤처 부문에도 이뤄졌다. 주식시장의 마지막 거품기에 자금조달의 용이함과 공공 금융회사의 관대한 보증은 너무나 많은 기업들이 상업성 있는 기술이나 사업 모델 없이 벤처 분야에 뛰어들도록 만들었다.

두번째, 생산 부문과 수출산업을 살펴보면 투자부진의 주요한 또 다른 이유를 알 수 있다. 즉 임금인상과 까다로운 관료주의에 기인한 높은 생산비용이다. 한국은 더 이상 저임금 국가가 아니다. 사실 한국은 고임금 궤도에 진입했다고 해도 과언이 아니다. 한국의 산업노동 생산비는 중국은 물론이고 홍콩이나 싱가포르 수준을 이미 넘어섰다. 게다가 한국 내 기업들은 노동시장의 경직성, 만연한 파업과 경영의사 결정에 참여를 원하는 노조 요구에 직면해 있다. 따라서 한국 기업들이 현재 중국의 주요 투자자가 됐다는 것은 놀라운 일이 아니다.

기업 투자를 회복시키기 위해 정부가 할 수 있는 유일한 방법은 투자하기 좋은 환경을 만드는 것이다. 〈파이낸셜 타임스〉의 마틴 울프가 말한 것처럼, 민간 사업가들이 경제적인 기회를 확인하고 이용할 수 있는 환경 말이다.

이를 위해 할 수 있는 많은 것들이 있다. 조세법과 형식적인 관료주의, 그리고 노동시장의 개혁, 능력 있고 창의적인 젊은 인재들을 끊임없이 공급할 수 있는 교육 시스템 확립, 그리고 무엇보다 잊지 말아야 할 것은 자유시장과 기업가 정신에 우호적인 경제 환경을 지속적으로 조성하는 일이다. 정부는 기업들로 하여금 투자를 강요하거나 재정 지출에 일조하도록 압력을 행사하는 방법보다 더욱 힘써야 할 것이다.

예전의 공산주의 경제에서 볼 수 있듯이 진정한 문제는 투자 부진이 아니다. 중앙 계획경제 아래에서는 정부가 투자 수준을 결정했으므로 기업가들이 정치적인 이유로 또는 용기가 부족해서 투자를 유보하는 일은 없었다. 그러나 모든 중앙 계획경제는 실패했으며 결국 시장경제의 우월성을 인정해야만 했다. 과도한 투자 또는 방향이 잘못된 투자는 수익과 위험을 의식하는 투자정책보다 경제성장과 사회복지에 훨씬 해롭다.

2004-08-30

경제학자의 예측은 왜 빗나갈까?

경제학자들에 대해서는 많은 비판이 있다. 그 중 하나가 모든 현상을 "한편으로는…, 그러나 다른 한편으로는…" 이라고 평가하며 명확한 진술을 회피하기 때문이다. 미국에서는 대통령이 "'한편'만 이야기하는 경제학자가 필요하다"고 언급한 적도 있다. 또 다른 비판은 경제학의 예측 능력에 관한 회의다. 한 가지 일화를 소개하겠다. 20세기 가장 유명한 물리학자 두 명이 대학 입학 전 물리학을 공부할지, 경제학을 공부할지 망설였다고 한다. 두 사람 모두 물리학을 선택했지만 서로 다른 이유에서였다. 한 명은 경제학이 너무 어렵다는 이유에서였고 다른 한 명은 너무 단순하고 하찮다는 이유에서였다. 전자보다는 후자가 일리 있어 보인다. 경제학이 지난 수십 년 동안 괄목할 만한 수리적 발전을 이루었지만 아직도 숙련된 수학자나 물리학자들에게는 상대적으로 단순한 분야다. 더욱이 이러한 수리적 발전이 경제학이 실물경제와 시장을 예측하는 능력을 향상시키지는 못했다.

미래에 대한 불확실은 인류가 대면하는 가장 중요한 문제 중 하나다. 당연히 점쟁이나 점성술, 그리고 경제학자들에 대한 수요가 높을 수밖에 없다. 기자들이 경제학자에게 묻는 첫번째 질문은 "오는 6~12개월 사이에 경제가 어떻게 변할 것이며 연말에 주식시장이 어떻게 움직일 것인가?"다. 무엇보다 인류는 앞으로의 미래를 끔찍이 궁금해하고 둘째로 정확한 예측을 통해 일확천금을 벌 수 있기에 이는 전혀 놀라운 일이 아니다. 그러나 놀랍게도 이러한 예측 추이를 유심히 살펴보는 이가 드문 듯하다. 대부분의 사람이 "한 가지 분명한 예측이 있다면, 그 예측이 틀릴 거란 사실이다"란 농담에 숨어 있는 진실을 간과하는 듯하다. 예측이 간혹 맞아떨어지더라도 과거의 예를 볼 때 평균적으로는 미래에 대한 예측은 빗나간 경우가 많다는 것을 알 수 있다.

미국의 GDP 예측을 되돌아볼 때 경제학자들은 1980년대와 1990~2000년대에 일어난 최근 3개의 불황을 완전히 간과했다. 이러한 경제의 전환점을 예측하는 일은 기업, 행정가 및 투자자들에게는 가장 결정적이고 중요한 일이다. 증권분석가들이라고 해서 더 낫지도 않다. 그들은 기업들의 수익 성장률을 체계적으로 그것도 상당히 과대평가하는 경향이 있다. 미국 시장의 경우 조사분석가들은 1990~2003년까지 2%밖에 안 된 실제 성장률보다 훨씬 높은 평균 16%의 성장률을 예상했다.

그러면 경제학은 쓸모없는 과학인가? 그렇지 않다. 18세기 후반에서 20세기 초반에 걸쳐 경제학의 근본적인 개념이 발달된 이후 경제학은 더욱 수학적이고 기술적으로 변모했다. 심지어 현실과 상당히 괴리되기도 했다. 그러나 이는 경제학자들만의 잘못이 아니다. 우리는 인간 행태와 실물경제가 이전에 생각되던 것보다 훨씬 복잡하다는 것을 인정해야만 한다. 불확실한 환경에서의 수많은 의사결정과 상호작용으로부터 비롯된 이러한 복잡성 때문에 완벽한 예측은 아예 불가능하다. 그렇다고 예측이 불필요하다는 것을 의미하지는 않는다. 이들 예측은 시장가격을 형성하는 데 중요한 정보들이기 때문이다. 실물의 복잡함을 무시한 채 단순하고 무조건적인 예측에 승부를 거는 것은 사회와 기업, 그리고 개인 투자자들에게 매우 위험하다. 사실 우리는 경제학자들이 또 '다른 한편'의 견해를 가졌다는 것에 감사해야 하며 너무 편협한 시나리오보다는 다양한 가능성에 대한 견해를 얻을 수 있다는 사실에 만족해야 한다.

그리고 경제정책 수립자들과 집행자들은 경제학자들의 수많은 예측실패에 대해 기뻐해야 한다. 예측이 과학이 아닌 이상 실물은 복잡한 상태로 있게 마련이다. 이러한 복잡성을 다루는 것이야말로 경제정책 수립자들과 집행자들의 자리를 지켜주며, 그들이 최고의 학력을 가진 경제학자들로 대체되는 것을 막아준다. 그래도 어떤 사람들은 서로 다른 능력을 요구하는 그 두 영역을 왔다갔다 하는데 성공하기도 한다. 그럼에도 불구하고 두 분야 사람들이 서로의 의견에 귀를 기울이기만 한다면 서로가 많은 이익을 얻게 될 것이다.

2004-09-20

우량 기업은 뭔가 다르다

초우량 기업들은 동기부여가 잘 된 직원들을 가지고 있다. 최고 경영진은 동기부여를 위한 모임을 갖고 카리스마와 자신감으로 사람들을 북돋우기 때문에 직원들은 의욕이 넘친다. 초우량 기업들은 기술을 받아들인다. 그들은 신기술의 초기 도입자일 뿐 아니라 기술이 그들의 비즈니스 모델을 새롭게 전환시키도록 한다. 초우량 기업들은 변화에 대응하는 능력이 탁월하다. 그들은 혁신의 문화를 도입하고 혁신 프로그램을 가지고 있으며 전략적 계획을 중요시한다. 마지막으로 가장 중요한 점은 초우량 기업들은 위대한 지도자를 가지고 있다.

그러나 실제로 초우량 기업들은 이러한 교과서적 조건을 갖추고 있지 않았다. 《좋은 기업을 넘어 위대한 기업으로(Good to Great)》란 책의 저자인 짐 콜린스와 연구진은 단순한 우량기업과 초우량 기업을 구별 짓는 특징을 연구했다. 연구진은 〈포천(Fortune)〉지 선정 500대 기업 가운데 우량에서 초우량으로 옮

겨간 뒤 최소 15년 동안 탁월한 성과를 유지한 11개의 기업을 추려냈다. 평균적으로 이러한 초우량 기업들은 15년 동안 주식 시장의 7배가 넘는 괄목할 만한 누적 수익률을 냈다. 이것은 유명한 거대기업들의 주식수익률을 뛰어넘는 수준이다. 예를 들어 GE는 1985~2000년 사이 미국 주식시장보다 단지 2.8배 수익을 냈을 뿐이다. 연구진은 이후 초우량 기업들에 대한 지난 50년 동안의 기사를 훑어보고 최고경영진 및 주요 임원들과의 인터뷰를 통해 공통점을 찾았다. 임금체계, 기업문화, 리더십 스타일 및 재무비율을 중점적으로 살폈다. 이 연구는 무려 10년 반이나 걸렸다.

이러한 어마어마한 노력의 결론은 예상 외로 평범했다. 초우량 기업들은 생각하는 것보다 훨씬 단순한 성공요소에 의존하는 것으로 드러났다. 초우량 기업들은 잘 정의된 좋은 전략을 갖고 있으나 경쟁사들보다 전략적 기획에 많은 시간을 쏟지 않았다. 기술과 기술적 변화는 우량에서 초우량으로 진화하는 것과 사실상 무관했다. 초우량 기업들은 종업원들에게 동기부여를 하거나 변화를 관리하는 데 특별한 노력을 기울이지 않는다. 어떤 기업은 우량에서 초우량으로 도약했을 때 그러한 변화를 인식조차 못했다. 마지막으로 초우량 기업들은 강력한 자아와 탁월한 의사소통 기술을 가진 명망자 타입의 최고경영자를 확보하지 않았다. 그들은 오히려 현실적이고 겸손하며 심지어는 부끄럼을 많이 타는, 그러나 프로 정신이 강한 최고경영자였다. 이들 기업은 어떻게 초우량 기업으로 거듭날 수 있었을까?

이들 기업의 최고경영자는 직책을 처음 맡았을 때 회사를 이끌어갈 비전이 없었다.

그들은 단지 '적합한 사람'을 고용하는 데 중점을 뒀으며 어디로 갈 것인지, 어떤 전략을 선택할 것인지, 어떻게 실행할 것인지를 그들과 함께 풀어나갔다. 적절한 인사는 여러 분야에서 시간과 비용을 절감시킨다. 적합한 사람들은 내적인 요소에 의해서 스스로 동기를 부여한다. 그들은 자율에 따라 행동하므로 동기부여나 각종 프로그램, 관료제나 엄격한 위계질서 등의 감시·통제 기구를 필요로 하지도 않는다. 초우량 기업들은 오히려 사람들의 의욕을 저하시키지 않는 데 초점을 맞추며 이를 위해 자신들의 기업이 처한 현실을 직시하고 이에 적극 대응할 수 있도록 격려한다.

적합한 사람들을 고용하고 부적합한 사람들은 확실히 떠나도록 조치했다. 두번째 중요한 특징은 그들이 세계 최고가 될 수 있는 것만 사업으로 선택한다는 데 있다. 이것은 핵심 경쟁력에 초점을 맞추는 일반적인 전략보다 훨씬 어려운데 왜냐하면 핵심 경쟁력의 보유가 항상 그 기업을 세계 최고로 만들지는 않기 때문이다.

언급한 저서의 위대한 발견에도 불구하고 기업들이 이를 선별적으로 이용하기 바란다. 현실적으로 단지 몇몇 기업만이 최고가 될 수 있다. 만약 최고가 아닌 모든 기업이 문을 닫는다면 세계는 많은 일자리뿐 아니라 미래의 초우량 기업들도 잃을 것이다. 자유시장체제에서는 개구리가 왕자로 변하는 동화 같은 일이 일어난다. 그러나 경영전문 저자들이 어떤 개구리가 그렇게 될지를 예견하는 데 최고는 아니다. 단지 지나고 나서야 초우량 기업의 구별되는 특징들을 추려낼 수 있었던 것이다.

2004-10-13

시장과 자유는 항상 옳다

오늘날 사회주의자들조차 시장경제가 경제성장의 최선책이라고 여길 것이다. 그럼에도 불구하고 자유주의자와 보수주의자를 포함해 많은 사람들이 자유시장을 완전히 포용하는 데는 어려움을 겪는다. 시장을 효율적으로 만드는 메커니즘인 이윤극대화, 경쟁 및 약육강식 등은 인정머리 없고, 심지어 잔인하게까지 느껴지기 때문이다.

자유시장은 사회적 책임이 결여된 것처럼 보이며 연민이나 자비와 같은 기본적인 인류가치에 모순되는 듯하다. 결과적으로 많은 사람이 시장을 단지 더 나은 결과를 위해 필요한 수단 정도로 간주할 뿐이다. 그 논리는 이러하다. 시장이 성장을 극대화하도록 만들고 그 후에 사회적 원칙에 따라 성장의 과실을 재분배한다는 것이다. 불행하게도 이는 그렇게 쉬운 일이 아니다. 재분배정책은 시장원칙을 약화시키는 의도하지 않은 결과를 초래하기 때문이다. 재분배를 많이 할수록 재분배할 수 있는 파이가 더 작아진다. 재분배의 의도하지 않은 결과를 지적하는 것은 자유주의 경제학자들의 중요한 방어선이다. 그러나 이 또한 일종의 효율론으로서 시장 회의론자들의 의구심을 불식시키기에는 역부족이다.

그러면 윤리적인 관점에서 자유시장이 그처럼 나쁜가? 효율성에 주목하는 건 시장 시스템의 윤리적·정치적인 근거를 무색하게 만든다. 경제학의 아버지인 애덤 스미스는 인정머리 없는 과학자가 아닌 윤리철학 교수였다. 그가 창조한 신과학은 정치경제(political economy)라 일컬어왔다. 1930년대와 1940년대 독일에서 민족사회주의가, 러시아에서 공산주의가 자유를 억압하고 있을 무렵, 오스트리아 태생의 경제학자 하이에크는 시장이 자유를, 개인의 인권이 민주주의를 증진시킨다는 점을 설파했다. 공산주의 시스템 붕괴 후에는 민주주의와 시장이 세계로 확대됐다. 그럼에도 여전히 시장경제가 자유사회의 초석이란 사실을 우리 스스로에게 주지시킬 만한 가치가 있다.

자유는 개개인이 개인의 행복은 물론 사회적·정치적 가치에 대해 다른 생각을 가질 수 있다는 사실을 받아들이는 일에서부터 시작한다. 개인의 목표 추구가 타인의 기본 인권을 침해하지 않는 한 정부는 이를 거스를 권리가 없다. 시장은 정확히 이 원칙에 따라 움직인다. 시장은 사람들이 무엇을 원하고 얼마를 지불할 용의가 있는지를 발견하는 메커니즘이다. 다른 사람을 위해 어떤 상품이 최선인지를 결정해 줄 사람은 없다.

어떠한 공급자도 소비자가 원하지 않는 상품을 사라고 강요할
수 없다.

　정부의 문제는 정부가 어떤 사회 시스템과 교육 시스템이
사회를 위해 최선인지, 그리고 사회적·윤리적 규범을 모두가
지켜야 하는지 여부를 결정한다는 데 있다. 물론 이는 때때로
불가피하다. 정부는 특정한 선택(예를 들면 특정한 학교 시스템 설
립)을 해야 한다. 문제는 정부가 선택한 것과 자유롭게 경쟁할
대체방안을 허용하지 않을 때 시작된다. 만약 사람들이 동의하
지 않으면 그들이 취할 수 있는 유일한 기회는 나라를 떠나거나
다른 곳에서 좀더 나은 대안을 찾는 것이다. 그러나 자신들이
모국을 떠나도록 강요당한다고 느낄 때 뭔가 잘못됐다고 하지
않을 사람이 있겠는가.

　그리고 전세계의 정부는 팽창하려는 경향이 있다. 정부는 필
요 이상의 분야를 통치하려고 노력한다. 법의 원칙을 지키고 시
장 시스템을 뒷받침하는 환경을 조성하기보다는 지침을 세우고
심지어는 경제를 통제하며 특정한 목표를 향해 사회 전체를 몰
아가려고 노력한다. 불행하게도 좋은 의도가 사태를 악화시킬
수 있다. 정치인들이 국민들을 위한 최선이 무엇인지 알고 있다
고 자신할수록 국민들은 그 최선의 방식이 자신들에게 강요되
는 것으로 느낄 수 있다.

　자유롭지 못한 18세기에 태어난 독일 시인 프리드리히 횔더
린은 "국가를 천국으로 만들려는 인간들의 시도가 국가를 지옥
으로 만들어버렸다"고 말했다. 그리고 고대 중국의 철학자 노

자는 "최고의 통치자는 민초들에게 알려지지도 않고 또한 아무 것도 하지 않는 것처럼 보이지만 그렇게 함으로써 민초들의 행복과 번영을 보존하는 사람이다"라고 주장했다.

2004-11-10

랭킹이 높으면 유능한 펀드매니저?

투자에 대한 그릇된 판단이 주위에서 흔하게 발견된다. 이러한 오류는 상식적으로 그럴 듯해 보이기 때문이다. 그러나 대부분의 오류는 자본시장 현실과는 거리가 멀다. 이는 단순히 투자자들의 희망사항에 불과할 뿐이다.

가장 흔한 오류 가운데 세 가지만 예로 들겠다.

첫째, 타이밍만 잘 맞춘다면, 즉 주가가 오를 때 사고 주가가 내릴 때 판다면 손해를 피하고 높은 수익을 올릴 수 있다. 둘째, 보수적인 투자자들은 주식과 같이 변동성이 큰 자산을 회피함으로써 부를 안정적으로 증가시킬 수 있다. 셋째, 펀드랭킹을 기준으로 가장 뛰어난 펀드매니저를 선택한다면 높은 수익을 얻을 수 있다.

과연 옳은 선택일까? 유감스럽지만 투자자들은 자신들이 회피하고자 했던 것을 오히려 얻게 된다. 첫번째 경우의 투자자는 가격이 높을 때 사고 낮을 때 팔며 예기치 못한 시장상황 때문에 수익률이 낮아지고 원금손실까지 입는다. 두번째 경우 인플레이션과 세금을 감안하면 안정자산 수익률은 제로에 가까워져 실질자산은 제자리걸음을 하게 된다. 세번째 경우 과도한 위험을 안고 있는 펀드매니저를 택함으로써 수익률이 크게 낮아질 수 있다.

그러면 펀드랭킹에 관해 살펴보도록 하자. 실적이 좋지 않은 펀드매니저에게 돈을 맡기고 싶지는 않을 것이다. 가장 뛰어난 펀드매니저조차도 성에 차지 않을 판국이다. 좋은 펀드매니저를 선택하는 일 자체가 잘못된 건 아니다. 이는 좋은 투자실적을 내기 위한 가장 중요한 요소다. 문제는 어떻게 좋은 펀드매니저를 선택하느냐다. 각종 매체를 통해 누구나 펀드매니저 랭킹을 접할 수 있다. 이 때문에 가장 뛰어난 펀드매니저 선택이 자칫 쉬워 보이는 경우가 많다. 단순히 랭킹이 높은 펀드매니저에게 투자하면 되는 것이다. 하지만 선택이 이처럼 쉽다면 모든 사람이 부자가 돼 있을 것이다. 그러나 아직도 대부분의 사람들이 부자가 되기 위해서 고생하는 것을 보면 말처럼 쉽지 않다는 사실을 알 수 있다.

펀드랭킹 정보가 넘쳐나는 미국의 경우, 어느 기간 동안 가장 실적이 좋았던 펀드들이 다음 기간엔 가장 낮은 실적을 내는 사례가 종종 목격된다.

왜 이런 일이 벌어지는 것일까? 높은 랭킹엔 그럴 만한 이유가 있다. 인터넷 거품기간 동안 인터넷주에 집중한 펀드들이 가장 높은 수익을 냈다. 하지만 거품이 꺼진 뒤 최하위로 추락했

다. 인터넷주에 대해 적극적인 펀드일수록 랭킹이 높았던 것이
다. 또 중소형주 펀드와 같이 특정한 투자 스타일이나 특정 업
종에 집중하는 펀드들은 투자 주식이 급등하는 시장에선 상위
에 들게 된다.

가치주, 성장주, 소형주 펀드 등은 유사한 투자 전략을 가진
펀드들끼리만 비교해서 랭킹을 내야 한다. 그렇지 않으면 사과
와 오렌지를 비교하는 격이 된다. 채권시장의 경우도 마찬가지
다. 국공채에만 투자하는 펀드를 회사채에 투자하는 펀드와 섞
어 랭킹을 매기는 것은 투자자들에게 잘못된 정보를 제공하는
것이다.

하지만 이런 점에 유의해 신중하게 만들어진 펀드랭킹이라
할지라도 이는 펀드매니저를 선택하는 참고사항에 불과하다.

랭킹은 과거의 좋은 실적이 어디에서 연유했는지, 예컨대 전
문적 운용기법이나 운, 또는 적극적인 위험감수인지를 말해 주
지 않는다.

또한 펀드매니저가 취하는 접근방식이 투자자의 필요나 투
자자가 감수할 수 있는 위험 정도에 적합한지에 대해선 답하지
못한다.

이는 오로지 운용회사와 펀드의 투자 절차에 대한 면밀한 검
토를 통해서만 판단할 수 있다. 이를 위해 펀드에 관한 실사작
업이 필요한데 기관투자가들은 투자 컨설턴트의 도움을 받을
수 있다. 개인투자자들은 판매회사나 금융자문들로부터 도움
을 받을 수도 있다.

　투자자는 그들의 조언이 자신에게 맞는지 확인해야 한다. 그렇다고 펀드랭킹이 쓸모없다는 얘기는 아니다. 펀드랭킹은 분명 나름대로 정보가치가 있다. 하지만 뒤에 숨겨진 이야기, 즉 투자 프로세스에 대한 이해가 충분할 때만 그렇다.

2004-12-10

보수적 투자도 리스크 크다

투자 리스크를 생각해 볼 때 먼저 떠오르는 건 주식시장 붕괴, 대기업 부도, 정부채권까지 원금손실을 가져오는 급격한 금리인상이다.

원금손실은 투자자에게 치명적이다. 따라서 원금을 잃지 않고 고정이자를 지급하는 은행예금을 선호한다. 한국에선 가계 금융 자산의 50% 이상이 은행예금이다. 은행예금은 투자에서 디폴트 선택처럼 보인다.

역설적으로 가장 흔한 투자 리스크 가운데 하나는 리스크를 충분히 감수하지 않는 것이다. 상당수 투자자들은 투자 리스크가 긍정적 측면을 갖기도 한다는 사실을 그냥 지나친다. 역사적으로 볼 때 주식처럼 가격변동의 위험이 큰 투자종목일수록 장기적으로는 더 큰 수익을 낸다.

일부 보수적 투자자들은 높은 수익기회를 버리는 대신 원금을 손실로부터 보호할 수 있다는 점에 만족한다고 답변할 것이다. 하지만 많은 투자자들이 인식하지 못하는 이유 중 하나는 리스크 없는 투자는 단순히 수익률이 낮은 게 아니라 많은 경우 수익률이 마이너스를 기록, 결국 부를 감소시킨다는 사실이다. 세금과 인플레이션 때문이다.

장기적인 데이터는 가장 보수적으로 이뤄진 투자라 할지라도 수익률이 인플레이션을 1% 이상 초과하는 경우는 드물다는 것을 보여준다. 3.0%의 인플레이션이 있는 환경에서 3.5%의 이자를 남기는 은행예금의 경우 실질 수익률은 0.5%에 불과하다. 이자수입에 대한 세율이 30%라면 실질적인 수익률은 이미 마이너스다(3.5%-1.1%-3.0%=-0.6%).

세금은 인플레이션을 제한 후의 실질 수익률이 이미 마이너스라 할지라도 명목수입에 대해 적용된다. 물론 이는 은행예금이나 단기 금융시장 펀드에 투자하는 것이 항상 나쁜 투자방법이라는 말은 아니다. 이들은 초단기, 초유동성 투자를 위해서는 적격이다. 하지만 투자자가 장기적 목표를 갖고 있다면 다른 투자 대안들에도 고려해야 한다.

세금과 인플레이션 효과를 제한 후에도 부의 유지와 증대를 위해 투자자는 주식이나 채권처럼 좀더 수익률이 높은 상품에 투자해야 한다.

자본시장에서 공짜란 없다. 인플레이션과 세금을 제한 후에도 의미 있는 수준의 장기적 수익을 올리기 위해서는 장기채권, 주식, 부동산 또는 사모펀드와 같은 대체투자를 하면서 그에 따른 투자 리스크를 감수해야 한다. 투자자는 먼저 투자목표를 명확히 하고 현실적인 수익전망에 근거하여 그 목표에 도달하기 위해 주식과 같은 형태의 위험자산에 어느 정도 자신을 노출시킬 것인지 판단해야 한다. 리스크가 너무 크다고 판단되면 수익 기대치를 낮춰야 하는 것이다.

그러나 자산배분 결정에 있어 리스크의 감수를 투기나 공격적 투자전략과 혼동해선 안 된다. 후자는 손쉽게 투자 목표미달 또는 부의 파괴에 이르게 할 수 있다.

높은 장기 수익성 보장을 위해서는 분산투자와 더불어 일정한 자산분배 방식을 준수하는 게 중요하다. 주가가 오를 때 사고 떨어지기 전에 팔면서 시장의 타이밍을 맞춰 시장변동을 피하거나 오히려 이를 이용하는 것이 매력적일 수도 있다. 하지만 현실적으로 이를 실행하는 데는 많은 어려움이 따른다. 주식시장은 대체로 불규칙적이고 큰 폭으로 움직이기 때문이다. 역사적으로 볼 때 주식시장의 장기수익률은 단 며칠의 급등장에 크게 의존한다. 즉, 단 며칠의 급등장을 놓치면 장기수익률의 상당 부분을 놓치는 결과를 낳을 수 있다.

한 경제전문지에 이런 글이 실린 적이 있다.

"1990년대 미국 주식시장이 엄청난 상승세를 경험했다는 것은 흔히들 알고 있는 상식이다. 하지만 급등장을 시현했던 1.5%의 거래일을 놓친 투자자의 10년 간 수익률이 '0'이라는 사실을 아는 사람은 그리 많지 않다."

그런데 도대체 누가 현실적으로 10년 동안에 급등했던 1.5%의 거래일이 언제일지를 예측할 수 있었겠는가? 투자자들은 주식비중을 수시로 바꾸는 펀드매니저를 조심해야 한다. 처음 1~2년은 괜찮은 실적을 낼지 몰라도 장기적으로 볼 때 공격적인 시장 타이밍은 득보다 실이 많다. 인생에서와 마찬가지로 성공적인 투자를 위해서는 성공적인 투자 일관성과 인내심이 중요하다.

2005-01-07

정부보조금 후할수록 부작용

특정 분야에 대한 정부보조금이나 투자유치, 고용창출을 위한 인센티브는 경제정책 입안자들이 자주 사용하는 도구다. 하지만 이는 많은 경우에 자본의 비효율적인 배분을 초래한다. 장기 경제성장률이나 사회복지를 증진시키기보다는 오히려 감소시키는 결과를 낳는다.

벤처 캐피털이 그 대표적인 예다. 새로 설립된 기업은 종전부터 자리잡고 있던 큰 기업들에 비해 입지가 취약하다. 상식적으로 당연히 일종의 특수 보호가 필요할 것으로 생각된다. 또 경제개발은 혁신에 의해 추진된다. 오래된 제품들과 현재 자리 잡고 있는 기업들은 새로운 기술과 새로운 비즈니스 모델로 대체된다. 벤처 기업들은 이 과정에서 중요한 역할을 담당한다.

벤처 부문이 활성화될수록 경제가 전반적으로 혁신적이고 성공적일 수 있다. 미국경제가 좋은 예다. 따라서 많은 국가에

서는 정부가 벤처 기업을 위한 특별 자금 프로그램을 제공한
다. 하지만 이들이 잊고 있는 점이 있다. 다름아닌 미국 벤처업
계의 성공은 정부의 보조보다는 자유시장에 의한 것이라는 사
실이다.

정부 보조가 후할수록 부정적인 결과의 가능성은 높아진다.
많은 벤처 회사가 새로운 실용적인 기술개발에 심혈을 기울이
기보다는 더 많은 공공자금을 유치하기 위해 발버둥 친다.

지속가능성이 없고 민간 투자자들의 엄격한 검증 과정을 도
저히 통과하지 못했을 법한 비즈니스 모델들이 쏟아져나온다.
몇 년 전 우리 눈 앞에 펼쳐진 바 있는 벤처 거품을 회상해 보
라. 이 같은 현상이 꽤나 자주 일어났다는 사실을 알 수 있을 것
이다.

많은 벤처 기업이 풍부한 재원을 연구개발에 투자하기보다
는 투기적 목적으로 부동산이나 다른 벤처 기업에 투자했다. 설
상가상으로 거품이 붕괴되고 나서 이들 회사가 어려운 상황에
처하면 정부는 구제 명목으로 추가적으로 자금을 투입하라는
압력을 받는다.

하지만 여전히 벤처 부문의 활기는 경제 전반에 있어서의 큰
플러스 요인이다. 그렇다면 어떻게 자본의 배분을 왜곡시키지
않으면서 동시에 벤처 기업들을 부흥시킬 수 있을까? 각 나라
의 정부는 벤처 투자수익에 대한 세금을 감면 또는 면제해 줄
수 있다. 그렇게 된다면 성공적인 벤처 투자자들, 즉 충분한 조
사에 근거해서 투자종목을 신중히 선택해서 운영한 사람들에게

160

만 혜택이 돌아갈 것이다.

이런 방법은 기업이 지속 가능한 비즈니스 모델을 가지고 있고 투자할 만한 가치가 있는지를 평가하는 민간 자본시장의 주요 기능을 저해하지 않는다.

일부에서는 민간 투자자들과 공동으로만 정부보조가 가능하도록 하면 민간 투자의 장점을 살리면서 동시에 경제 전체에 있어서의 벤처 투자 규모를 확장시킬 수 있다고 주장한다. 물론 이런 방법이 정부보조만으로 이뤄지는 경우보다는 나을지 모르지만 여전히 큰 위험이 존재한다. 예를 들어 한 벤처 기업이 300억 원의 설립자금을 필요로 한다고 가정하자. 하지만 민간 투자자들은 이를 상당히 위험한 투자로 판단하고 오로지 투기적 목적으로 절반 정도만 투자할 의향이 있다고 하자. 공공자금 없이는 회사가 설립될 수 없을 것이다. 하지만 공공보조자금의 존재로 인해 이런 투자가 이뤄지게 되면 경제 전반에 실질적이고 지속 가능한 도움을 전혀 주지 못하는 투기성 투자를 부추기는 결과가 된다.

경제정책 입안자들은 이런 식으로 직접적인 자금을 공여하기보다는 불필요한 관료적 절차나 제약들을 없애고 노동시장 유연성을 증대시킴으로써 기업 스스로 발전할 수 있도록 해줘야 한다. 실제로 융통성 없는 노동법 때문에 기업들이 직원들을 추가로 고용하지 못하는 경우가 흔하다. 이 경우 정부는 노동시장의 부족분에 대한 보상을 제공한다.

이러한 성격의 보상은 실질적인 고용창출 효과가 미미하다.

또 보조금의 충당을 위해서는 세금을 징수해야 하고 따라서 고
용 부문에서 나타나는 부정적인 요소들과 함께 높은 세금부담
을 떠안아야 한다. 보조금으로 문제 진화에 나서기보다는 문제
를 뿌리부터 근절시키는 것이 더욱 효과적이다.

2005-02-04

기업지배구조 '불화합' 의 이점

동서양의 저명한 철학자들은 감정통제의 중요성을 강조해왔다. 고대 로마의 작가였던 세네카는 분노 같은 감정을 자연스럽지 못한 것으로 취급하며, 즐겁고 고결한 삶을 영위하기 위해서는 이러한 감정의 절제를 넘어 완전하게 근절할 것을 장려했다.

그러나 플라톤과 아리스토텔레스는 이와 다른 관점을 갖고 있었다. 그들은 이성으로 감정을 통제하는 필요성을 인정하는 동시에 감정을 인류의 삶에 생명력을 불어넣는 필수적인 요인으로 간주했다. 또 이러한 감정 없이 인류는 성공할 수 없을 것이라고 보았다. 이런 관점은 진화심리학 같은 최근의 과학적 연구결과들에 의해 뒷받침되고 있다.

진화심리학은 찰스 다윈의 '자연도태설' 을 인간행동에 적용시킨다. 현대인들의 행동양식 일부는 분명 이전 세대들이 생존하고 성공할 수 있도록 도와줬을 것이다. 이를테면 감정적이고

화를 잘내는 모습이 고대 철학자들이 주장했던 바처럼 해로운 것이었다면 그런 특성을 가진 인간들은 수만 년 전에 이미 도태돼 현재까지 생존할 수 없었을 것이다.

그렇다면 감정과 분노를 환경에 적용시킨다면 어떤 가치를 지닐까? 인간은 사회적 동물이다. 생존과 번영을 위해서는 상호 '협력'이 필수적이다. 하지만 협력은 사람들에게 노동을 착취당하게 하거나 사기를 당하게 할 수 있다. 사람들에게 사기에 대한 위험부담을 수용할 수 있는 수준까지 낮추지 않는다면 협력은 이뤄지지 않을 것이고 따라서 협력이 가져올 혜택을 누릴 수도 없다.

사람이 이성을 잃을 정도로 감정적인 분노를 느낀다는 것은 상대방에게 사기를 쳤다가는 난폭하게 저항할 수도 있다는 현실적인 위협을 주는 것이다.

사랑에 빠져 이성을 잃게 되는 형태에도 역시 비슷한 설명을 적용시킬 수 있다. 이성을 잃을 정도로 사랑에 빠진다는 것은 미래의 동반자에게 자신의 감정 표현이 진지하다는 신뢰할 만한 제안인 셈이다.

그렇다면 이런 논리들이 기업지배구조와 어떻게 연관될 수 있을까? 기업지배구조란 주주, 경영진, 투자자 들 사이의 공정하고 효율적인 이익 배분에 관한 것이다. 이런 협력관계는 큰 혜택을 가져온다.

장기 기업투자를 위한 자금조달과 유동성 및 위험분산을 가능하게 한 합자회사나 상장기업이 없었다면 산업혁명 이후의 경제발전은 불가능했을 것이다. 이와 달리 투자자들 사이에선 이해관계의 대립이 존재할 수 있다. 주주들과 경영진, 회사와 직원들, 소비자와 정부 사이의 입장 차이는 물론이고 주주 사이에서도 의견차가 발생할 수 있다.

따라서 균형을 유지하고 폐해를 막기 위해서는 '신뢰할 만한' 위협이 존재해야 한다. 불만이 있는 주주들은 주식을 팔거나 의결권 행사, 기업인수 협박을 시도할 수 있다. 경험상 주식을 파는 것만으로는 질서가 확립되지 않기 때문에 자본의 효율적인 분배를 확보하기 위해서는 의결권 행사나 기업인수에 대한 위협이 존재해야 한다.

지난 200년 동안 현대 경제사에 있었던 일련의 기업 스캔들은 이런 위협이 얼마나 중요한지를 잘 보여준다. 정부는 서로 다른 이해집단 간의 형평성을 유지하기 위해 다양한 법과 제도를 제공해야 한다.

이는 노사관계에서도 마찬가지다. 노동조합은 법적으로 보호받아야 하고 근로자들에게는 파업할 권리가 있어야 한다. 하지만 고용주들 역시 이에 대응할 수 있는 수단을 가지고 있어야 하며, 노동법은 어느 한 쪽에만 유리하게 작용해서는 안 된다. 이런 권력의 평등은 가장 높은 수준의 경제 효율성과 성장을 보장할 뿐 아니라, 협력과 화합을 이끌어내기도 한다.

모든 참가자가 이처럼 신뢰할 만한 위협에 처할 수 있다는 사실을 인지하고 있다면 치명적인 결과를 가져올 수 있는 갈등을 피하고 서로 협력하면서 공통된 이익을 추구하기 위해 노력

할 것이다. 즉 협력과 화합을 유지하기 위해서는 불화합의 위험
이 필요한 것이다.

어느 중국 철학자는 이렇게 말했다. "현명한 사람들은 논쟁
으로 시작해서 화합으로 끝나지만, 어리석은 자들은 기쁨으로
시작해서 슬픔으로 끝난다."

2005-03-04

적립식 주식투자의 장점

현대 재무이론에서 투자는 기대수익과 위험의 관계로 설명된다. 하지만 역설적으로 미래를 예측하기 위한 길잡이가 될 수 있는 건 과거뿐이다. 따라서 기대수익은 대개 과거의 평균치에 근거해 산출된다. 통계학적으로 평균을 계산하는 대상 기간이 길수록 미래를 예측하는 데 좀더 적합한 수치가 나온다. 긴 역사를 자랑하는 미국 시장의 경우 1900년부터 2004년까지 100년이 넘는 기간 동안 연평균 9.8%의 수익률을 기록했다. 이는 동일한 기간의 채권수익률 연평균 5%와 인플레이션율 3%를 훨씬 웃도는 수치다.

과거 데이터를 대체할 만한 수단이 없음에도 불구, 이런 방법은 두 가지 단점을 갖고 있다. 첫째, 구조적인 변화가 이들의 예측력에 대한 신뢰도를 감소시킨다. 이 문제는 기간이 짧을수록(가령 5,10,20년) 정도가 심해진다. 지난 105년 동안 미국 주식시장의 10년 단위 수익률은 가장 낮았을 때 1.2%였고 가장 높았을 때 20.6%였다. 최고와 최저 차이는 1년 단위로 봤을 때 −40.8%와 +70.9%로 더 크다. 따라서 투자하는 날짜에 따라 운 좋은 투자자는 높은 수익률을 기록할 수도 있고 다른 투자자는 평균을 밑도는 수익률을 기록할 수도 있다. 주식투자를 통한 부의 축적은 모든 투자자에게 해당하는 게 아니라 특정한 투자자에 한정된다. 그러나 길게 보면 주식시장의 평균 수익률만 올려도 채권투자나 단기 금융상품 투자보다는 나은 성과다. 여기에 인플레이션과 세금까지 고려한다면 이러한 차이는 더욱 커진다.

하지만 문제는 시장평균 수익률을 기록한다는 게 쉽지 않다는 데 있다. 한 사람이 저축할 수 있는 기간이 30, 40년에 불과하다는 사실을 고려한다면 50~100년을 투자 기간으로 본다는 건 비현실적이다. 인생의 다른 일과 마찬가지로 투자자로서의 운명 역시 일부는 운, 즉 수익률이 높은 시대에 투자하는가, 그렇지 않은가에 따라 좌우된다는 사실을 받아들여야 한다. 일반적으로 경험적인 증거들을 통해 투자자들이 타이밍에 관해 성공적이지 못하다는 것을 알 수 있다. 정말 운이 좋았던 몇 명을 제외하고는 시장 주기나 흐름과 무관하게 재빠르게 시장에 들어갔다 빠지면서 돈을 벌수 있다는 생각은 환상에 불과하다. 일반적인 투자자는 타이밍을 맞추려다 돈을 잃게 된다. 이런 현상은 인간심리에서 비롯된다.

'금융시장은 탐욕과 공포에 따라 움직인다' 는 격언이 있다. 투자자들은 큰돈을 벌겠다는 욕심을 갖고 주가하락 직전에 시장에 뛰어든다. 다른 사람들이 돈 버는 모습을 지켜보고 있다가 강세장을 놓친 투자자들이 뒤늦게 뛰어드는 것이다. 이미 돈을 번 사람들도 성공에 자만하면서 위험에 대해 무감각해져 더 많은 자금을 쏟아 붓게 된다. 하지만 주가가 하락하게 되면 투자자들은 두려움을 느끼게 되고 비관에 사로잡히게 된다. 이제는 '공포'가 주된 테마가 돼 헐값에 주식을 매각하고 싼 가격에 매입할 수 있는 기회를 놓친다. 이 같은 인간심리의 변덕에 대처하기 위한 방법 중 하나는 일정한 규칙, 심지어는 계약에 따라 행동을 묶어놓는 것이다.

좋은 예로 적립식 주식저축을 들 수 있다. 투자자는 정기적으로 매달 정해진 금액을 주식펀드에 투자한다. 이로써 큰 금액을 한 번에 투자하면서 발생하는 위험을 피할 수 있다. 더불어 주식시장이 하락하면 낮은 가격에 주식을 매입할 수 있다. 투자목적이 장기적 평균 시장수익률에 근접하기 위한 것이기 때문에 주식저축에 가입한 투자자들은 지나치게 협소하거나 공격적 투자성향을 보이는 펀드를 피하고 장기적인 안목을 가진 펀드를 선택해야 할 것이다.

앞서 언급했듯이 평균 수익률을 기록하는 것 자체가 역사적으로 비춰봤을 때 채권수익률을 3~5% 상회하는 것이기 때문에 큰 매력이 있다. 더불어 정해진 규칙에 따라 투자하게 되면 투자자가 시장의 방향을 맞추려는 고민으로부터 자유로워지기 때문에 더 유쾌한 일에 마음을 쓸 수 있게 된다. 투자결정에 관한 심리적 스트레스를 즐기거나 이런 일을 위해 돈

을 받고 일하는 전문 투자관리자가 아니라면 장기적인 안목
을 가지고 시간의 힘을 믿으며 평온함을 누리는 것이 현명한
처사다.

2005-04-01

경제논리로 본 교통체증 해소법

교통체증은 많은 나라가 안고 있는 공통적인 고민거리다. 우리 모두가 경험상, 특히 서울의 교통상황이 얼마나 심각한지 잘 알고 있다. 교통체증은 대도시화에 따른 필연적 결과이며 해결책을 찾는다는 것이 쉽지 않다. 경제이론에 따르면, 정체나 대기오염은 상품이 지나치게 낮은 가격에 제공됐을 때 발생하는 것이라고 한다.

거리에 자동차가 너무 많다면 이는 자동차를 이용하는 데 드는 비용이 너무 싸다는 것을 시사한다. 따라서 일반적인 경제이론적 해법은 자동차 값을 올리는 것이다.

가장 극단적인 처방은 자동차 소유자들에게 비싼 돈을 주고 면허를 사도록 함으로써 전체 자동차 대수를 제한하는 것이다. 좀더 완만한 해결책으로는 통행료나 휘발유에 대한 세율을 높여 자동차 사용 비용을 높이는 것이다. 대부분의 정부는 극단적인 정책을 피하고 있지만 경제이론은 여전히 유효하다. 가격이 자유롭게 결정되는 상황에서 반응은 예측된 경로를 따른다. 도시에서 가깝고 교통상황이 좋은 골프장 회원권은 시설은 좋지만 멀리 떨어진 곳에 비해 막대한 프리미엄을 누리고 있다.

자동차 사용 비용을 높여야 하는 이유는 단지 교통체증을 해결하고자 하는 목적에만 있는 것이 아니다. 근본적인 문제는 단순한 불편이나 경제적 비용에만 국한되지 않는다. 한국교통개발연구원 연구결과에 따르면, 교통체증에 관련된 비용이 연 20조 원을 상회하고, 교통 혼잡은 수많은 건강문제와 죽음을 가져오는 환경오염의 주범이기도 하다. 정부에서 직접적인 조치를 취하지 않고 일반 시민들이 어떤 특단의 조치를 요구하지 않는 이유는 우리 행동에 파생될 결과를 간과하고 있기 때문이다. 사람들의 심리는 직접적이거나 즉각적으로 드러나지 않는 결과에 대해서는 간과하는 경향이 강하다. 그렇지 않다면 흡연이나 과음이 지금처럼 흔하지는 않을 것이다. 또 우리는 항상 '나'는 영향 받지 않을 것이라는 의식적 또는 무의식적 믿음을 지니고 있다.

극단적 가격정책에는 근본적인 문제가 있다. 자동차가 제공하는 이동성은 현대 생활과 그 안에서 우리가 누리는 개인 자유의 중요한 역할을 담당한다. 가격을 극단적으로 높인다면 이러한 자유는 부유한 일부 계층만의 전유물이 될 수 있기 때문에 평등원칙에 문제가 생길 수 있다. 따라서 정부는 더 우수한 교통 네트워크를 구축함으로써 문제를 해결하려고 한다. 그러나 이는 특정 지역에서 효력이 있을지 모르지만 일반적인 해결책이 될 수는 없다. 일정 기간 동안은 상황이 호전될 수 있지만 장기적으로 봤을 때는 더 많은 교통량을 유도해서 차후에 더 심각한 문제가 발생할 수 있다.

그렇다면 교통체증을 현대 생활의 필연으로 받아들여야 할 것인가? 정부는 더 창의적인 해결책을 제시해야 한다. 이를테면 극단적인 비용 인상보다는 이를 단계적으로 진행시키면서 대신 대중교통 수단의 가격을 낮추는 것이 한 방법이 될 수 있다. 대중교통비에 대한 지원금보다 중요한 것은 지하철 노선을 확장하고, 철도운행 횟수 및 시간을 늘리고, 장거리 통근이 가능하도록 편익시설을 제공하는 것이다. 또 필요에 따라 대도시 중심가 같은 혼잡 지역에서의 자동차 사용 비용을 높이거나 이를 불편하게 생각하도록 만들 수 있는데, 이는 자동차를 타고 중심가에 들어오는 비용을 인상하고 주차 공간을 줄임으로써 실현할 수 있다. 하지만 상대적으로 부유하지 못한 사람들에 대해 차별적인 이러한 정책을 사용할 필요는 없다.

더 좋은 정책은 도시의 중심가를 보행자만을 위한 공간으로 전환하는 것이다. 이렇게 되면 중심가의 환경이 쾌적해져 주말에 도시를 빠져나가 다른 곳에서 여가를 즐겨야 할 필요가 감소할 것이다. 공원이나 기타 레크리에이션 시설을 늘리는 것도 같은 효과를 가져 올 수 있다.

시내 또는 근교에 더 많은 공공 또는 사설 골프코스를 만드는 것도 좋은 방법이지 않을까?

2005-05-06

운(運) · 자유 · 평등

스포츠 경기, 중소기업, 경력이나 자신의 인생을 돌아볼 때 '운'(運)이라는 요소가 매우 중요하게 작용한다는 것을 알 수 있다. 흔히들 중요한 성공사례에 대해서도 운이 50% 이상 기여한다고 하는데, 이는 운이 능력이나 노력보다 중요하다는 의미일 수도 있다. 물론 운이 좋아도 능력과 노력이 없어서 성공하지 못하는 사람들도 많기 때문에, 이런 얘기는 편견일지 모른다. 이런 점이 '운이란 용감하고 능력 있는 자들의 것'이라는 또 다른 속담을 만들어낸 것으로 생각된다.

하지만 여전히 우리는 운의 힘을 간과할 수는 없다. 전문 트레이더이자 뉴욕 대학 수리과학부 부교수인 나심 탈레브는 자신의 저서《Fooled by randomness》에서 금융시장이 '운 좋은 바보들'을 양성한다고 밝힌다. '운 좋은 바보'들이란 진정한 투자기술 없이 순전히 운에 의지해 큰 성공을 거두는 투자자들을 말한다. 그들은 투자성과 덕분에 승진하면서 더 많은 연봉과 보너스를 받게 된다. 성공으로 말미암아 더 큰 자신감을 갖게 되고 동료와 상관, 그리고 고객의 신뢰를 얻는다. 성공이 더 큰 성공을 가져오는 선순환을 경험하게 되는 것이다.

이는 사생활로 이어지기도 한다. 예를 들어 사회적 평판이 좋고 급여 수준이 높은 직장은 매력적인 배우자를 만날 확률을 높인다. 하지만 운이란 것은 운 좋은 바보들이 예상조차 하지 못한 특수한 시장 여건에 따라, 수년 동안의 투자이득을 잃게 되면서 한순간에 사라질 수도 있다.

이런 실패가 꼭 개인적인 비극으로 이어진다는 것은 아니다. 운이 따랐던 시절에 많은 부를 축적해 직장을 잃은 후에도 윤택한 생활을 누리는 사람이 있기 때문이다. 또 그들이 직장을 잃게 된다는 보장도 없다. 그 동안의 명성이 너무나 확고히 자리잡고 있어 이런 실패에 영향을 안 받을 수도 있다. 운 좋은 바보들 뒤에 숨은 진실을 보지 못하고 사람들은 이들을 잠시 불운을 겪고 있는 대단한 능력의 소유자들로 여전히 바라볼 수도 있다.

일반적으로 우리는 그것이 성공이든 벌이든 자신의 능력이나 노력에 합당하지 않은 결과를 얻게 되는 것은 정당하지 않다고 느낀다. 하지만 항상 정당하고 평등하기엔 인생이 너무 짧다. 삶이 영원하다면 모든 사람이 다른 요소들을 극복하고 궁극적으로 자신의 능력을 입증할 수 있을 것이다.

이 밖에도 평등을 방해하는 인위적인 요소들이 있다. 절대주의나 봉건주의 사회에서는 왕이나 지배계급이 특수한 권리를 누리면서 절대적인 권력을 휘두를 수 있었다.

　이런 맥락에서 18세기 절대왕정 시대의 유럽 계몽주의 철학
자들이 가장 강력하게 요구했던 것이 평등과 정의였다는 사실
은 전혀 놀랍지 않다. 그들의 주장은 모든 시민이 법 앞에 평등
해야 하며 출생에 의한 특권은 없어야 한다는 것이었다.

　그러나 이들이 요구한 자유는 삶의 모든 면에 대한 모든 사
람의 평등을 의미하지는 않았다.

　반대로 자유주의 철학자들은 모든 사람들이 필요 이상의 정
부 간섭 없이 자신의 인생과 재능을 개발할 수 있기를 원했다.
개인마다 능력과 목표가 다르기 때문에 이는 자연스럽게 임금
과 부, 그리고 생활방식의 현저한 차이를 가져오게 된다.

　현대 과학은 성장기 아동의 사회적 환경이 천부적인 차이보
다 덜 중요하다는 사실을 보여준다. 평등이 바람직한가의 문제
에 앞서 평등은 가능하지 않다. 더불어 그 누구도 사람들이 대
체적으로 평등한 환경에서 살았지만 생활 수준이 낮았던 산업
혁명 이전의 시대로 돌아가고 싶지는 않았을 것이다.

　좀더 철학적인 관점에서 이 문제를 살펴보면, 운의 힘은 흔
히 불공평한 결과를 초래하는 것처럼 보이지만 궁극적으로 선
천적인 차이를 상쇄하면서, 불완전하지만 나름대로의 평등을
추구하는 자연현상일지도 모른다. 많은 이상주의자에게는 수
용하기 힘든 사실이겠지만 자연은 평등을 지지하지 않는다. 우
리의 인생이 자로 잰 것처럼 살아지는 것은 아니다.

2005-06-03

성장에 관한 수수께끼

ABN암로는 런던 정경대학(London Business School)의 딤슨, 마쉬 교수와 협력해 《세계 투자수익 연감》을 정기적으로 발행한다. 2005년 판에는 일견 직관에 어긋나는 흥미로운 장이 포함되어 있다. 상식에 근거한 많은 투자자가 선진국시장에 비해 이머징마켓의 주식시장이 더 높은 수익을 낼 수 있다고 기대한다.

이머징마켓은 장기간 높은 경제성장률을 보여주었다. 이는 기업이 평균 이상의 수익성장률을 가능하도록 하며 결과적으로 높은 주식투자수익으로 귀결될 수 있다. 그러나 이러한 인과관계는 실제에 근거한 게 아니다. 역사적으로 저성장 선진국의 주식투자수익은 고성장 국가의 주식투자수익률을 초과했다. 높은 경제성장률은 높은 주식투자수익을 보장하지 않으며 주식투자수익을 가늠할 수 있는 척도라고 반드시 말할 수 없다. 그렇다면 이처럼 혼란스러운 발견을 어떻게 설명할 수 있을까?

우선 오해를 피하기 위해 이머징마켓 투자에서 발생하는 평균 수익률을 기준으로 생각해 보자. 지난 20년 가운데 18년 동안은 특정 이머징마켓 주식시장이 매년 세계에서 가장 높은 성과를 올렸다. 그러나 같은 시장이 대개 그 다음해에는 급락을 면치 못했다. 따라서 지난 20년 동안 전체 이머징마켓에서 발생한 평균 수익은 저성장 선진국의 수익보다 낮을 수밖에 없었다.

성장에 관한 수수께끼를 설명하기 위해 경제성장과 주식투자수익률 간의 관련성에 대해 고려해 볼 필요가 있다. 경제성장과 주식투자수익률의 상관관계는 절대 당연한 것으로 간주돼선 안 된다. 예를 들어 자국 화폐의 인위적인 평가절하로 적어도 일정기간 동안은 경제성장을 도모할 수 있다. 그러나 이 경우 달러와 같은 국제통화로 수익률을 환산하면 투자수익률은 낮아진다.

이러한 연구결과는 투자자들이 이머징마켓에 투자하는 것을 자제해야 한다는 의미일까? 물론 그렇지 않다. 최고의 수익 달성만을 투자의 목표로 삼아서는 안 된다. 투자는 위험 분산의 차원에서도 이뤄져야 한다. 이머징마켓은 정치·경제적 변동성이 높아 위험한 투자자산일 수 있지만 선진국 시장과는 상관관계가 낮다. 예컨대 선진국과 이머징마켓의 주식시장은 서로 연관성을 갖고 움직이지 않는다. 이것은 몇몇 선진국과 이머징마켓에 동시에 투자하는 포트폴리오가 안정적인 수익을 낼 수 있도록 만들어준다. 또한 과거의 자료로 미래를 예측할 수 없으며 환경이 변화할 때는 더욱 그렇다. 브릭스(BRICs) 국가 가운데서도 특히 인도와 중국을 일컫는 친디아(Chindia)는 세계에서 인구가 가장 많은 국가로서 전례 없는 고도성장을 이루고 있다.

또 다른 관점에서 본다면 이러한 발견은 적어도 과거에는 고도의 경제성장을 이뤘지만 현재는 이미 성숙한 경제성장 단계에 진입한 한국과 같은 국가에 대해선 위안이 될 수 있다. 고성장을 이룬 사회 및 경제는 저성장 환경에 적응하는 데 어려운 시기를 보낼 수밖에 없으므로 실망스러울 수 있다. 비록 그러한 국가가 향유하는 경제성장률이 유럽과 같은 선진국이 이상적으로 여기는 3~5%의 성장률일지라도 말이다. 일단 강력한 따라잡기 효과가 소진되고 인구증가가 둔화되면 최고의 경제정책도 초기 발전단계의 고성장을 부활시킬 수는 없다. 그러나 적어도 주식투자자들은 지나치게 걱정할 필요가 없다. 이제 성숙기에 접어드는 경제는 실제로 우수한 주식투자수익률을 가능케 할 수 있기 때문이다. 기업지배구조가 개선되면서 리스크 프리미엄이 낮아질 뿐만 아니라 성장보다는 수익을 중시하는 기업문화가 정착되면서 민간 부문에서 자본 배분의 효율성이 증대됨에 따라 저성장 국면에서도 양호한 주식투자수익률을 기대할 수 있다.

2005-07-01

시장이 천재보다 현명하다

지은이 | 오이겐 뢰플러
펴낸이 | 김경태
펴낸곳 | 한국경제신문 한경BP

제1판 1쇄 인쇄 | 2005년 7월 25일
제1판 1쇄 발행 | 2005년 7월 30일

주소 | 서울특별시 중구 중림동 441
기획출판팀 | 3604-553~6
영업마케팅팀 | 3604-561~2, 595 FAX | 3604-599
홈페이지 | http://bp.hankyung.com
전자우편 | bp@hankyung.com
등록 | 제 2-315(1967. 5. 15)

ISBN 89-475-2542-1
값 8,500원

파본이나 잘못된 책은 바꿔 드립니다.